GITARREN**SKALEN**
IMKONTEXT

Die Praxisorientierte Skalensammlung

JOSEPH**ALEXANDER**

FUNDAMENTAL**CHANGES**

Gitarrenskalen im Kontext

Wende Jede Wichtige Skala und Jeden Wichtigen Modus auf der Gitarre Meisterhaft an

Herausgegeben von **www.fundamental-changes.com**

ISBN: 978-1-911267-47-8

Copyright © 2019 Joseph Alexander

Übersetzt von Elisabeth Pfeiffer

Das Urheberrecht liegt beim Autor.

www.fundamental-changes.com

Twitter: **@guitar_joseph**

Über 10,000 Fans auf Facebook: **FundamentalChangesInGuitar**

Instagram: **FundamentalChanges**

Über 350 Kostenlose Unterrichtseinheiten mit Videos für Gitarre Findest Du Auf

www.fundamental-changes.com

Cover-Bild © Can Stock Photo Inc / MnyJhee

Inhalt

Alle Audiobeispiele in diesem Buch sind kostenlos erhältlich auf:
www.fundamental-changes.com

Language Disclaimer

Dieses Buch wurde aus dem Englischen übersetzt. Es wurden die englischen Notennamen beibehalten. Das deutsche H wurde durch B ersetzt, die Schreibweise Bb belassen. Alterierte Töne, wie Fis, Cis, Gis, usw. wurden ebenfalls in der englischen Schreibweise F#, C#, G#, etc. belassen.

Grafiken und Bilder mit Text sind in diesem Buch meist nicht übersetzt worden. Die meisten Beschriftungen sollten sich aus dem Fließtext erschließen. Trotzdem haben wir die Übersetzung jeweils als Zeile über der Grafik eingefügt.

Hier eine kleine Liste der wichtigsten Begriffe:

Engl.	Dt.
Major	Dur
Minor	Moll
Diminished	Vermindert
Chord	Akkord
Triad	Dreiklang
Arpeggio (abgekürzt: Arp)	Arpeggio
Dorian	Dorisch
Phrygian	Phrygisch
Lydian	Lydisch
Mixolydian	Mixolydisch
Aeolian	Äolisch
Locrian	Lokrisch
Intervals	Intervalle
2nd	Sekund
3rd	Terz
4th	Quart
5th	Quint
6th	Sext
7th	Septim
Octave	Oktave

Einleitung

Ich war noch nie Fan von „Tonleiter-Sammlungen", und zunächst habe ich auch gezögert, dieses Buch zu schreiben. Ich glaube, das Problem war schon immer, dass ich keinen Sinn darin gesehen habe, eine Liste von Skalen für die Gitarre herauszugeben, ohne auch deren Kontext und Anwendung zu behandeln. Das wäre wie wenn man jemandem ein Wörterbuch in einer fremden Sprache gibt und erwartet, dass derjenige selber herausfindet, wie diese Sprache funktioniert.

Ich erinnere mich noch gut, als ich als Gitarrenanfänger so eine Skalensammlung aufgeschlagen habe und *jede* Fingersatzvariation für jeden Modus gesehen habe. In mir stieg Panik auf, weil ich den Eindruck hatte, dass ich alles in diesem Buch auswendig lernen muss.

Stunden habe ich damit zugebracht, mich schlecht zu fühlen, weil ich mir niemals all diese Information merken hätte können. Wenn ich heute auf diese Zeit zurückblicke, wird mir klar, wieviel Zeit ich darauf verschwendet habe, Skalen auswendig zu lernen, die ich überhaupt nicht verstanden habe. In dieser Zeit hätte ich tatsächlich gute Musik üben können.

Skalen sind nicht einfach nur musikalische Information. Sie stellen generell eine von viele Möglichkeiten dar, eine Oktave aufzuteilen. Wenn wir die Oktave anders aufteilen, verändert sich das Feeling unserer Musik. Es ist schön und gut, wenn man dreißig Skalen mit je zwölf Fingersätzen beherrscht, aber wenn man nicht weiß, wie und wann man sie anwenden kann, ist das schon ein bisschen sinnlos.

Beim Gitarre Spielen geht es nicht einfach nur darum, Tonleitern zu spielen. Unser Ziel ist es, musikalisch ausdrucksstarke Phrasen zu spielen. Natürlich kannst du Tonleitern als kleinen Teil deines Techniktrainings üben. Aber das sollte nicht mehr als ein oder zwei Prozent deiner Übezeit ausmachen.

Warum Dieses Buch Anders ist

Anstatt dir nur ein Wörterbuch zu überreichen, möchte ich dir einen Sprachführer mit Audioguide zur Verfügung stellen. Ich habe mein Bestes getan, praktische Anwendbarkeit und Musikalität in diesem Buch zur obersten Priorität zu machen. Zu jeder Tonleiter in diesem Buch gibt es jeweils drei wichtige Licks und drei individuelle Backing-Tracks, damit du den Sound und das Feeling jeder Skala kennenlernen kannst.

Dieses Buch enthält die 18 Skalen, die in der modernen Musik (Pop, Rock und Jazz, usw.) am häufigsten vorkommen und jede Skala wird in fünf verschiedenen Fingersatzpatterns gezeigt.

Jedes Kapitel beginnt mit der Skalaformel der jeweiligen Tonleiter und wie diese zur Formel der Durskala (1 2 3 4 5 6 7) in Relation steht. Außerdem gibt es eine ganz knappe Beschreibung des Skalaklangs und wie er sich anfühlt. Aber das ist natürlich extrem subjektiv! - Spiele sie, höre die Licks an und finde deine eigene Interpretation des Klangs. Ich habe auch häufige Anwendungsformen für jede Skala dargestellt, so dass du sofort hören kannst, wie sie musikalisch verwendet wird.

Alle fünf Fingersätze der Skala haben jeweils eine Akkordform, die im Griffbild als Kreise dargestellt ist. Ich möchte dir stark dazu raten, *die Skalaform um die Akkordform „herum" zu lernen*. So hast du einen einzigartigen Akkord-"Anker" in deinem Kopf, mit dem du dich an jede Skala unabhängig von der Tonart sofort erinnern kannst. Die Akkordformen basieren auf dem CAGED-System. Es ist allerdings keine Voraussetzung für dieses Buch, das CAGED-System zu kennen oder schon verstanden zu haben.

Zusammen mit jeder Skalaform stelle ich Fingersätze für Dreiklänge und Arpeggios vor, so dass sie sofort mit der jeweiligen Skala in Verbindung gebracht werden. Wenn du zum Beispiel ein Pattern der Durskala verwendest, wird dir ein Durdreiklang und ein Majorseptarpeggio gleichzeitig vorgestellt. Du wirst sehen, dass jedes der fünf Fingersatzpatterns eine zugehörige Dreiklangs- und Arpeggioform hat und diese Töne alle im Griffbild der Skala enthalten sind. Zum Beispiel:

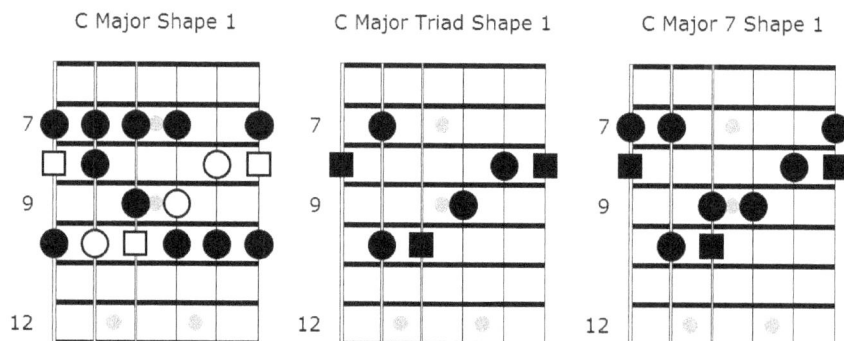

Im ersten Griffbild kannst du eine Barréakkordform sehen, die mit Kreisen dargestellt ist. Die Durskalaform ist drum herum konstruiert. Die Quadrate zeigen immer den Grundton der Skala.

Im zweiten Griffbild siehst du die Töne des Dreiklangs. Du siehst, dass sie dem Durakkord aus Griffbild 1 recht ähnlich sind.

Im letzten Griffbild wird das vollständige Septakkordarpeggio für jede Skalaform gezeigt.

Stell' dir die zugehörigen Dreiklänge und Arpeggios als „sichere" Töne vor, auf denen du dich in deinen Improvisationen ein wenig ausruhen kannst. Diese Töne geben deinen Solos nur wenig melodische Spannung, im Gegensatz zu den Skalatönen, die nicht im Arpeggio vorkommen. Die Töne, die außerhalb des Arpeggios liegen, geben jeder Skala ihre einzigartige Klangfärbung.

Nach den fünf Skalaformen für jede Tonleiter, wird auch noch ein Griffbild über das ganze Griffbrett gezeigt, in dem du siehst, wie die verschiedenen Skalen auf der Gitarre miteinander verbunden werden.

Ich habe bereits erwähnt, dass es wenig Sinn macht, ein Skalapattern ohne den zugehörigen Verwendungskontext zu lernen. Deshalb habe ich *drei* gängige Akkordfolgen vorgeschlagen, mit denen du jede Skala verwenden kannst. Diese Akkordfolgen hörst du in den Audiotracks, die du auf **www.fundamental-changes.com/audio-downloads** herunterladen kannst.

Es ist sehr wichtig, dass du dir Zeit zum Jammen nimmst und mit jeder Skala über den Backing-Tracks experimentierst. Das wird dir zeigen, wie eine Skala musikalisch funktioniert, welche Emotionen sie ausdrückt und wo die sichersten und schönsten Töne liegen. In deinem Kopf soll ein „musikalisches Wörterbuch" aus Klängen entstehen, so dass du schnell erkennst, was andere Musiker spielen und mit ihnen mitspielen kannst. Das ist genauso wichtig, wie die einzelnen Töne zu lernen.

Und zum Schluss habe ich dir noch jeweils drei praktische Licks für jede Skala aufgeschrieben. Das sollte dich auf den Weg deiner eigenen musikalischen Entdeckungsreise bringen. Wenn du die Licks lernst, wirst du die Sprache und musikalische Bedeutung der Skala noch tiefer verinnerlichen. Diese Licks werden auch in den Audiobeispielen über die entsprechenden Backing-Tracks gespielt, so dass du eine Vorstellung davon bekommst, wie es klingen soll.

Mit Diesem Buch Arbeiten

Den wichtigsten Ratschlag, den ich dir geben kann ist folgender: „*Versuche nicht alles auf einmal zu lernen!*". Wenn du Rock- oder Blues-Gitarre spielst, wirst du in diesem Buch Skalen finden, die du in diesem Bereich nie verwenden wirst. Zum Beispiel hört man die verminderte Halbton-Ganztonleiter nicht sehr oft im Rock, aber sie kommt im Jazz ständig vor.

Verwende nicht Monate deines Lebens drauf, etwas auswendig zu lernen, das du womöglich nie anwendest. Setze Prioritäten. Übe liebe eine Skala in einer Position und mache damit Musik, statt zehn Skalen zu lernen, die du nie verwendest.

Hol' dir die Audio-Dateien

Die Audio-Dateien für dieses Buch sind als kostenloser Download auf **www.fundamental-changes.com** mit dem Link in der oberen rechten Ecke erhältlich. Wähle einfach diesen Buchtitel aus dem Menü und befolge die Download-Anleitung.

Wir empfehlen, dass du zunächst die Dateien auf deinen Computer, nicht auf dein Tablet herunterlädst und sie sie dann in deine Media-Bibliothek extrahierst. Danach kannst du sie auf dein Tablet oder deinen iPod laden oder eine CD brennen. Auf der Download-Seite findest du auch ein hilfreiches PDF. Wir bieten auch technischen Support über das Kontaktformular.

Kindle / eReaders

Um dieses Buch optimal zu nutzen, denke daran, dass du jedes Bild mit einem Doppel-Tap größer machen kannst. Schalte die „Spaltenansicht" aus und halte dein Kindle im Querformat.

Über 10,000 Fans auf Facebook: **FundamentalChangesInGuitar**

Instagram: **FundamentalChanges**

Über 350 Kostenlose Unterrichtseinheiten mit Videos für Gitarre Findest Du Auf

www.fundamental-changes.com

Arbeite immer nur an einem Skalatyp.

Vielleicht möchtest du mit der Durskala oder der Mollpentatonikskala anfangen, weil diese beiden Skalen sehr häufig in moderner Musik vorkommen. Wenn du die Durskala in fünf Position lernen möchtest, solltest du wie folgt vorgehen.

Arbeite die folgenden Schritte durch, nachdem du das Metronom auf Tempo 60 gestellt hast. Spiele Achtelnoten oder andere Notenlängen, wenn das bequemer ist. Das Ziel hier ist Genauigkeit, nicht Geschwindigkeit. Hör' dir zunächst das Audiobeispiel an und wähle einen Klang, der dir gefällt.

1) Spiele die Akkordform, die du als Kreise im Griffbild der Skala siehst.

2) Spiele die Akkordform und sage deren Namen laut. Spiele dann die Skala langsam aufwärts.

3) Spiele die Akkordform und sage deren Namen laut. Spiele dann die Skala langsam abwärts.

4) Spiele die Akkordform und sage deren Namen laut. Spiele dann die Skala langsam aufwärts und abwärts.

5) Wiederhole diese Übeschritte mit dem Dreiklangspattern: Spiele die Akkordform und dann die Dreiklänge.

6) Spiele die Akkordform, spiele das Dreiklangspattern und spiele dann die Skala.

7) Wiederhole die Übeschritte mit dem Arpeggio-Pattern: Spiele die Akkordform und dann die Arpeggios.

8) Spiele die Akkordform, spiele das Arpeggio und spiele dann die Skala.

9) Lerne den ersten Lick.

10) Spiele die Akkordform und dann den Lick.

11) Wiederhole das mit allen drei Licks.

12) Improvisiere zum Backing-Track; versuche die Licks mit deiner eigenen Improvisation zu verbinden.

13) Wiederhole diese Übeschritte mit den anderen vier Fingersatzpatterns für jeden Modus.

Improvisiere unbedingt jeweils einige Zeit mit jeder Fingersatzform und schau' dir das Griffbild des gesamten Griffbretts an, damit du weißt, wie du dich zwischen den Formen bewegen kannst.

Es ist auch wichtig, dass du lernst, wie man die Tonart wechselt. Wenn du alle fünf Formen gelernt hast, kannst du deine Greifhand in einer Griffbrettposition lassen und die Tonarten A, C, D, F und G durchspielen, ohne die Hand zu bewegen. Du könntest das zum Beispiel zwischen dem V. und dem VIII. Bund machen. Das ist eine fantastische Übung. Wenn du diese fünf Tonarten in einer Position durchspielst, wirst du jede der fünf Skalaformen einmal benutzen. Du musst aber dafür unbedingt wissen, wo die Töne auf dem Griffbrett sind. Denk' dran: die Quadrate in den Griffbildern sind die Grundtöne des jeweiligen Akkordes.

Wenn du mehr darüber erfahren möchtest, wie man mühelos durch verschiedene Tonarten spielt, schau' dir Das CAGED-System und 100 Licks für Blues-Gitarre und The CAGED System and 100 Licks for Rock Guitar (bis jetzt nur auf Englisch erschienen) an.

Da ich nicht weiß, welche Art von Musik du spielen möchtest, kann ich keine Reihenfolge festlegen, in der du die Skalen in diesem Buch lernen sollst. Für die meisten Menschen haben die Dur- und Mollpentatonikskalen Priorität, sowie die Modi der Durskala. (Dur bis Lokrisch).

Du musst nicht jede Skala in fünf Positionen lernen, bevor du zur nächsten weitergehst. Wenn du an einem Stück arbeitest, das ein Solo in Dorisch braucht, konzentriere dich auf Dorisch. Achte immer darauf, dass deine Tonleiterstudien Bezug zur der Art von Musik haben, die du gerade lernst; dann geht der Lernvorgang viel natürlicher und organischer vor sich.

Es ist vollkommen akzeptabel, nur eine Form jeder Skala zu kennen. Solange du weißt, wie man die Skala anwendet, kannst du in nur einer Griffbrettposition wunderschöne und interessante Musik machen.

Wenn du mehr über die Anwendung und Verwendung dieser Skalen wissen willst, solltest du dir mein Buch **Moderne Theorie für E-Gitarre** ansehen.

Die Durskala (Ionisch)

Formel 1 2 3 4 5 6 7

In einem Satz: Fröhlich und triumphierend.

Die Durskala (oder der ionische Modus) ist über die letzten 800 Jahre der wichtigste Baustein westlicher Musik gewesen. Aus dieser Skala wurden viele Melodien und Harmonien gebildet, die wir täglich hören. Die meisten Akkorde in der Popmusik und auch in der Klassik entstammen der Durskala.

Die Durskala ist die Quellskala der Durmodi, die den Großteil der Tonalitäten im modernen Gitarrenspiel stellen. Ihre Formel, 1 2 3 4 5 6 6 ist die Basis, auf der alle anderen Skalen beschrieben werden. Anders gesagt, wenn Einzeltöne erhöht (#) oder erniedrigt (b) werden, können wir neue Skalen beschreiben. Beispielsweise hat der mixolydische Modus die Formel 1 2 3 4 5 6 b7. Wir können sehen, dass der mixolydische Modus mit der Durskala identisch ist, abgesehen von einer erniedrigten VII. Stufe.

Die Durskala hat normalerweise einen sehr hellen, fröhlichen Klang.

Einige Beispiele für Durskala-Melodien sind:

Twinkle Twinkle Little Star (eigentlich sind die meisten Kinderlieder aus der Durskala gebildet)

I Don't Wanna Miss a Thing - Aerosmith

Cliffs of Dover - Eric Johnson

Alle Audiobeispiele in diesem Buch sind erhältlich auf:

www.fundamental-changes.com/audio-downloads

Die Skalaformen von C-Dur

C Major Shape 1

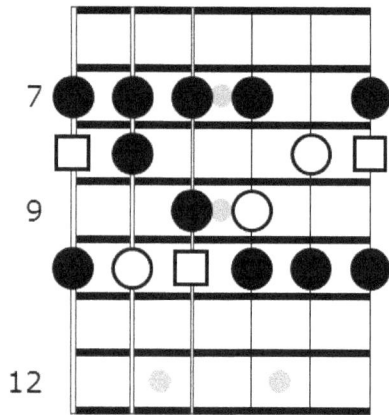

C Major Shape 2

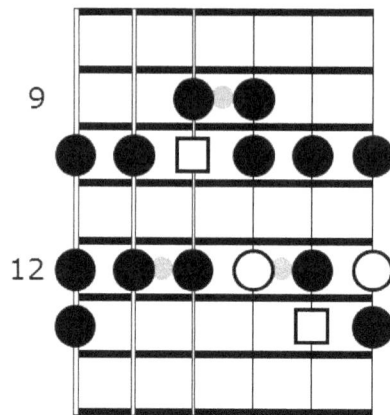

C Major Shape 3

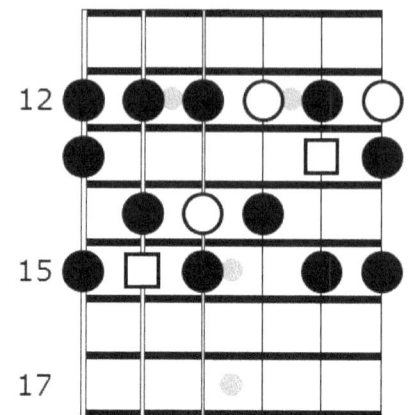

C Major Shape 4

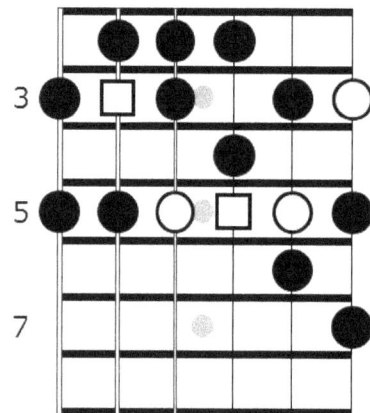

C Major Shape 5

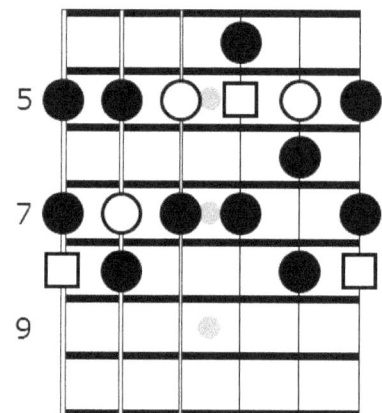

C Major

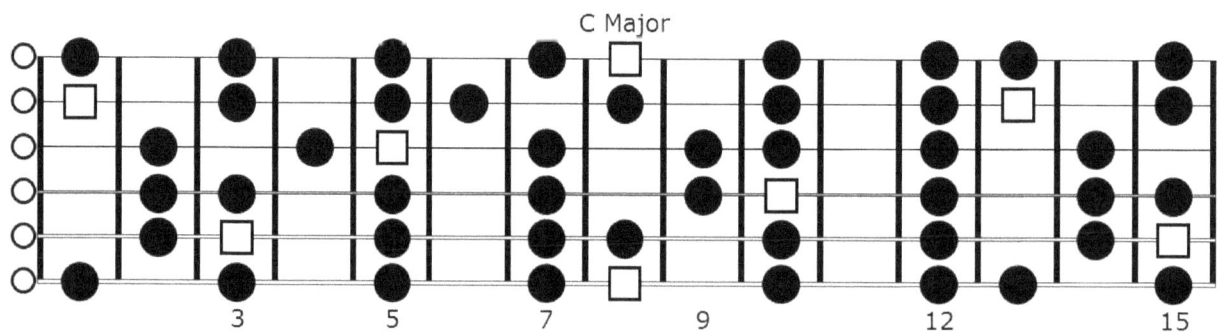

Dreiklangs- und Arpeggioformen in C-Dur

Dreiklänge

C Major Triad Shape 1

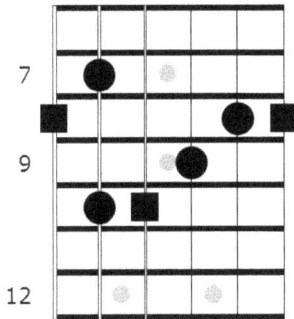

C Major Triad Shape 2

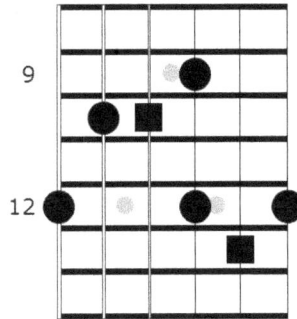

C Major Triad Shape 3

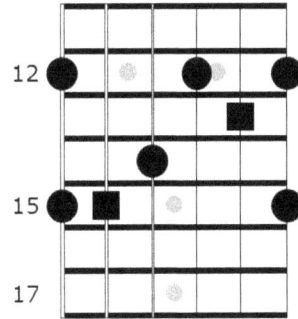

C Major Triad Shape 4

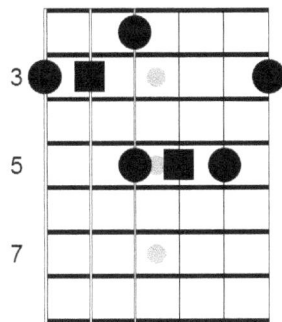

C Major Triad Shape 5

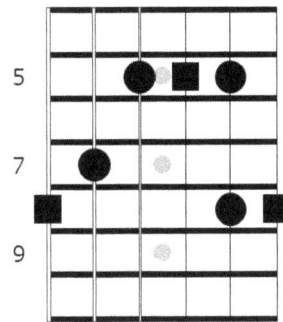

Arpeggios

C Major 7 Shape 1

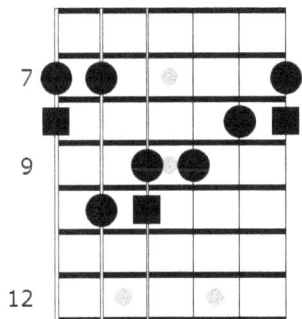

C Major 7 Shape 2

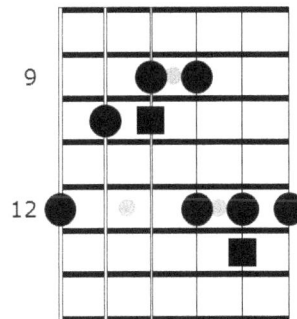

C Major 7 Shape 3

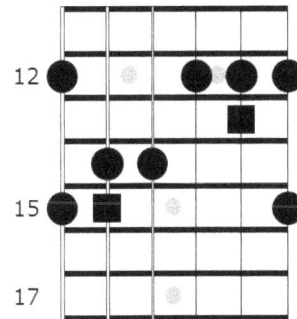

C Major 7 Shape 4

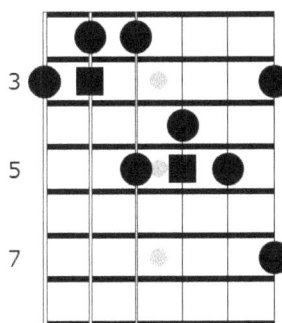

C Major 7 Shape 5

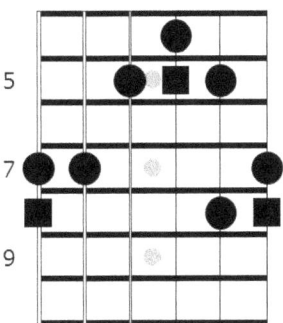

Typische Akkordfolgen

Backing-Track Dur 1:

Backing-Track Dur 2:

Backing-Track Dur 3:

Praktische Licks

Durskala Lick 1:

Durskala Lick 2:

Durskala Lick 3:

Der Dorische Modus

C Dorian

Formel 1 2 b3 4 5 6 b7

Quellskala: Dur

Modus: 2

In einem Satz: Cool, funky und entspannt.

So What – Miles Davis

k

Tender Surrender – Steve Vai (mit ein paar Tonartwechseln in verwandte Tonarten)

Der Dorische Modus erzeugt ein entspanntes Feeling und wird deshalb oft in langsamerem Rock, Fund und Jazz zum Improvisieren verwendet. Man hört diesen Modus im A-Teil von Herbie Hancock's Maiden Voyage, in Eleanor Rigby von The Beatles und in Paradise von Coldplay.

Er wird oft in modernem Rock und Blues (wie im Mittelteil von Stairway to Heaven von Led Zeppelin) verwendet und ist einer der Mollmodi, die am meisten verwendet werden.

Die Skalaformen von C-Dorisch

C Dorian Shape 1

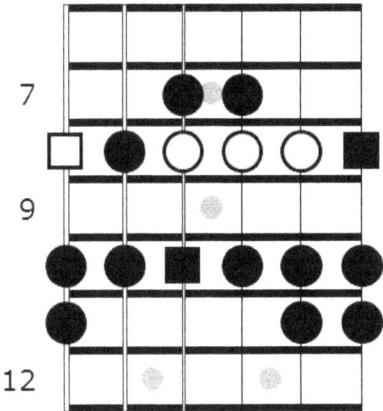

C Dorian Shape 2

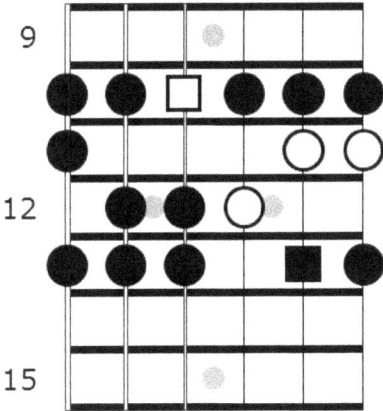

C Dorian Shape 3

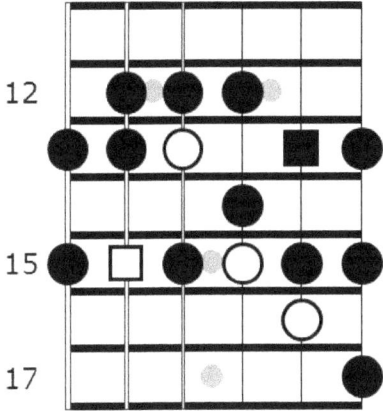

C Dorian Shape 4

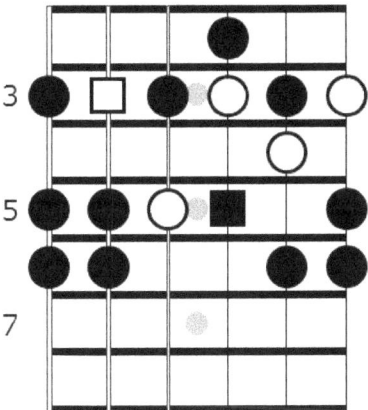

C Dorian Shape 5

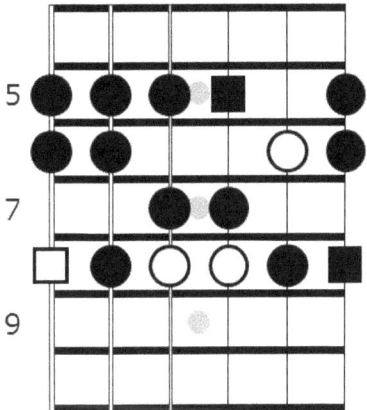

C Dorian

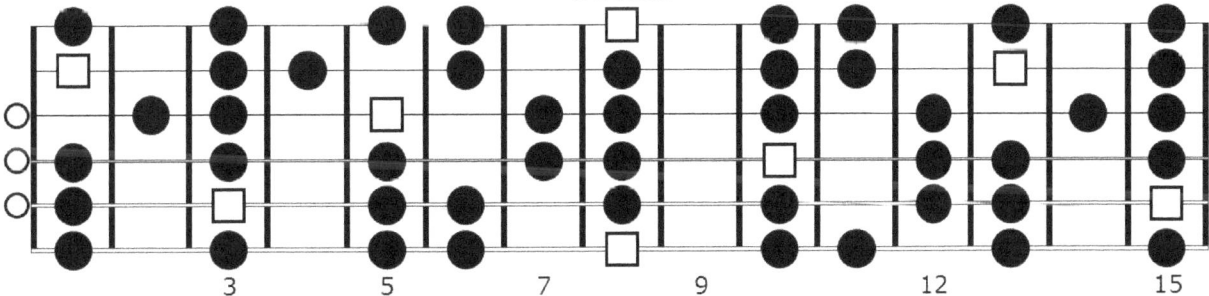

Dreiklangs- und Arpeggioformen in C-Dorisch Dreiklänge

Cm Triad Shape 1

Cm Triad Shape 2

Cm Triad Shape 3

Cm Triad Shape 4

Cm Triad Shape 5

Arpeggios

Cm7 Shape 1

Cm7 Shape 2

Cm7 Shape 3

Cm7 Shape 4

Cm7 Shape 5

Typische Akkordfolgen

Backing-Track Dorisch 1:

Backing-Track Dorisch 2:

Backing-Track Dorisch 3:

Praktische Licks

Dorisch Lick 1:

Dorisch Lick 2:

Dorisch Lick 3:

Der Phrygische Modus

C Phrygian

Formel 1 b2 b3 4 5 b6 b7

Quellskala: Dur

Modus: 3

In einem Satz: Spanisch und dunkel.

War – Joe Satriani

Wherever I May Roam – Metallica

Phrygisch klingt dunkel und hat spanische Flamenco-Anklänge, was diesen Modus bei Spielern, wie Chick Corea und Al Di Meola sehr beliebt macht. Er wird oft in Heavy Rock verwendet und du kannst ihn in vielen Song von Metallica hören.

Der Phrygische Modus ist identisch zum Äolischen Modus, außer, dass er eine b2 enthält. Die erniedrigte II. Stufe (b2) ist für den schweren, spanischen Klang verantwortlich.

Die Skalaformen von C-Phrygisch

C Phrygian Shape 1

C Phrygian Shape 2

C Phrygian Shape 3

C Phrygian Shape 4

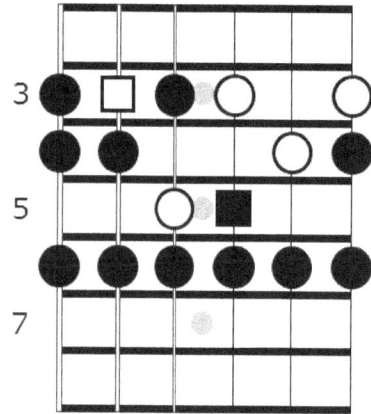

C Phrygian Shape 5

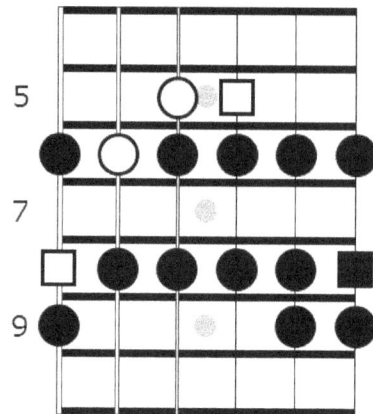

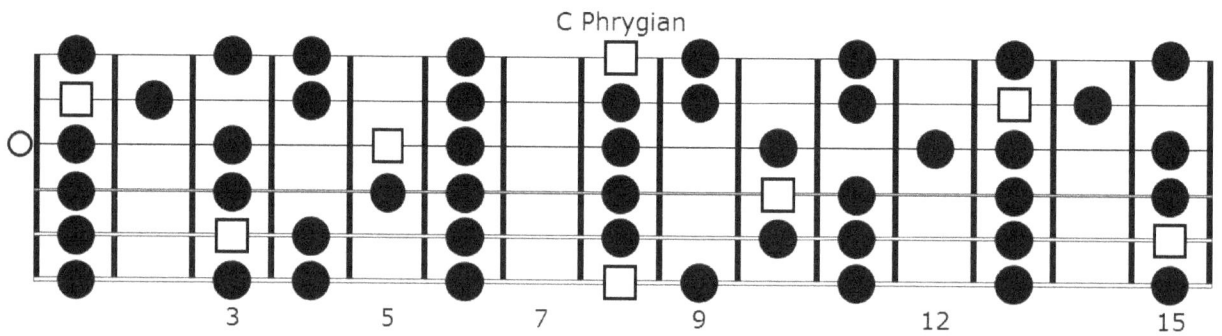

C Phrygian

Dreiklangs- und Arpeggioformen in C-Phrygisch

Dreiklänge

Cm Triad Shape 1

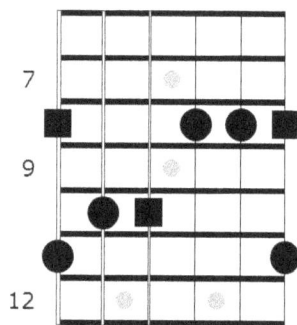

Cm Triad Shape 2

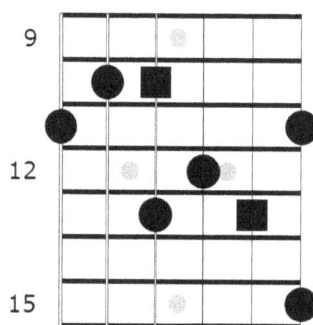

Cm Triad Shape 3

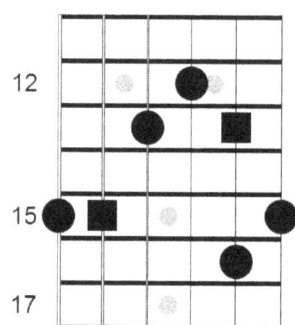

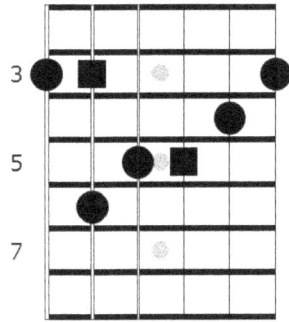

Cm Triad Shape 4

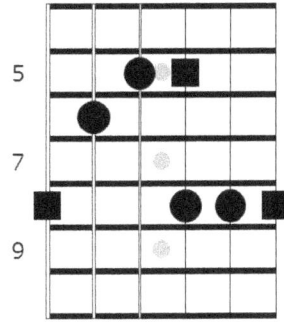

Cm Triad Shape 5

Arpeggios

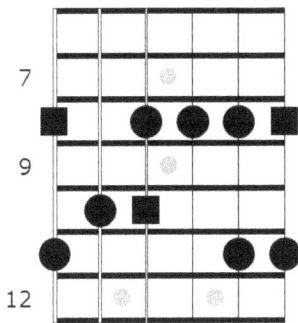

Cm7 Shape 1

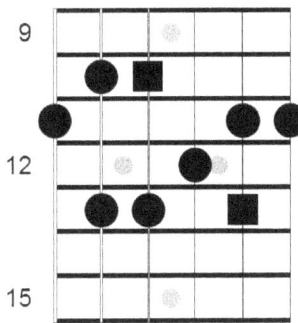

Cm7 Shape 2

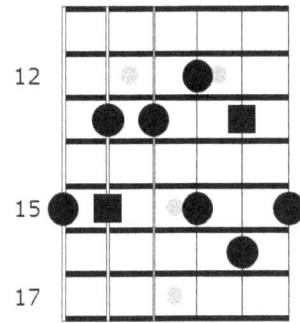

Cm7 Shape 3

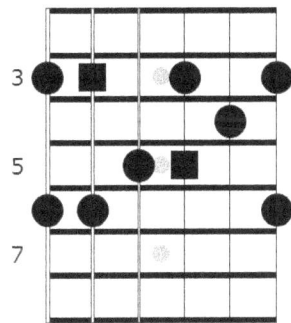

Cm7 Shape 4

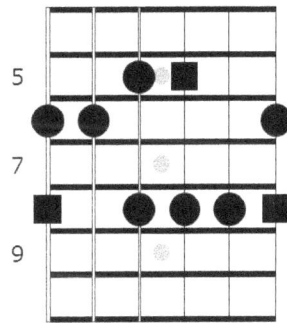

Cm7 Shape 5

Typische Akkordfolgen

Backing-Track Phrygisch 1:

Backing-Track Phrygisch 2:

Backing-Track Phrygisch 3:

Praktische Licks

Phrygisch Lick 1:

Phrygisch Lick 2:

Phrygisch Lick 3:

Lydische Modus

Formel 1 2 3 #4 5 6 7

Quellskala: Dur

Modus: 4

In einem Satz: Mystisch und ätherisch.

Flying in a Blue Dream – Joe Satriani

How I Miss You – Foo Fighters

Die Einleitung zu **Hole Hearted** – Extreme

Lydisch klingt nach Dur. Aber es gibt einen großen Unterschied zur traditionelle Durskala: die 4. Stufe der Skala ist um einen Halbton erhöht. Die kleine Veränderung erzeugt einen Klang der „nicht von dieser Welt" scheint. Er wurde von großartigen Musikern wie Frank Zappa und Danny Elfman benutzt.

Dieser Modus wird häufig in Rock Balladen verwendet und erzeugt ein mächtiges, majestätisches Feeling.

Die Skalaformen von C-Lydisch

C Lydian Shape 1
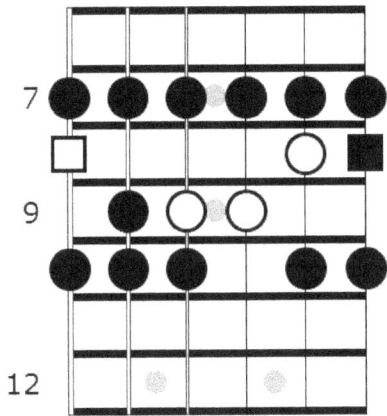

C Lydian Shape 2
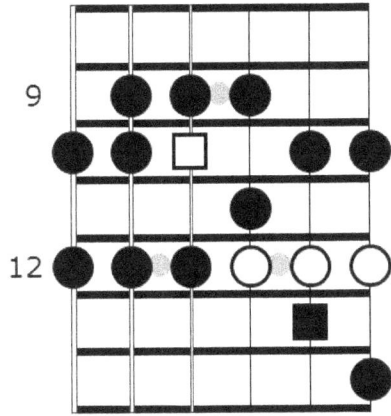

C Lydian Shape 3
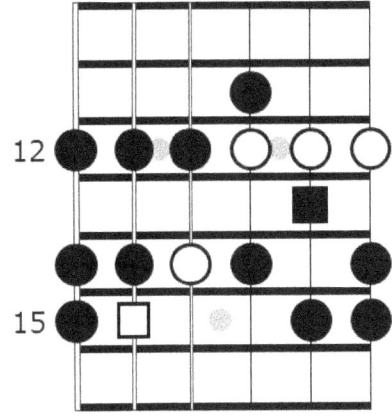

C Lydian Shape 4
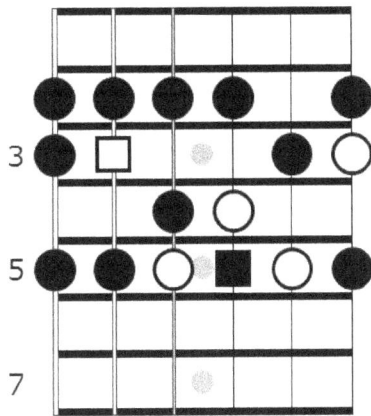

C Lydian Shape 5
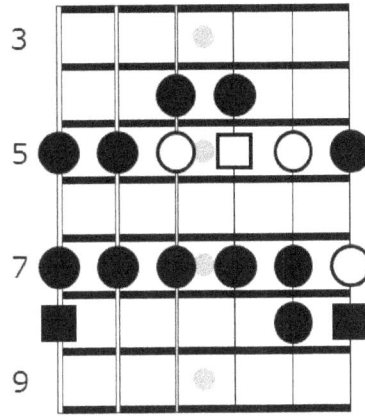

C Lydian

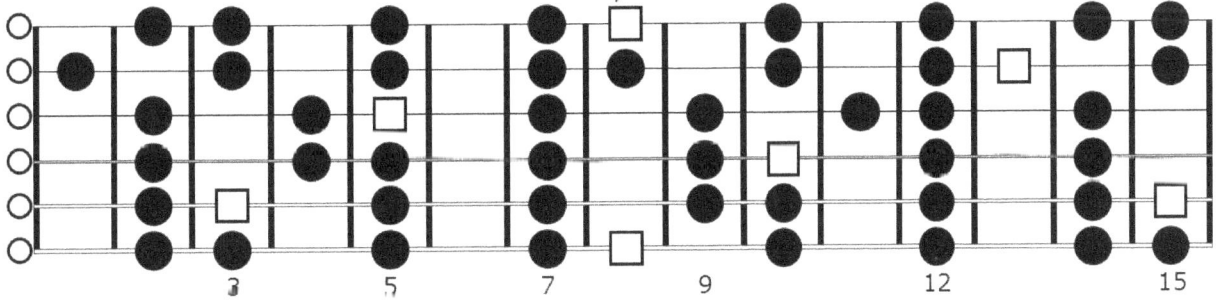

Dreiklangs- und Arpeggioformen in C-Lydisch

Dreiklänge

C Major Triad Shape 1

C Major Triad Shape 2

C Major Triad Shape 3

C Major Triad Shape 4

C Major Triad Shape 5

Arpeggios

C Major 7 Shape 1

C Major 7 Shape 2

C Major 7 Shape 3

C Major 7 Shape 4

C Major 7 Shape 5

Typische Akkordfolgen

Backing-Track Lydisch 1:

Backing-Track Lydisch 2:

Backing-Track Lydisch 3:

Praktische Licks

Lydisch Lick 1:

Lydisch Lick 2:

Lydisch Lick 3:

Der Mixolydische Modus

C Mixolydian

Formel 1 2 3 4 5 6 b7

In einem Satz: Leuchtender Blues.

Quellskala: Dur

Modus: 5

More than a Feeling - Journey

Summer Song – Joe Satriani

Sweet Child 'O' Mine – Guns N' Roses

Mixolydisch wird sehr häufig mit der Durskala und der Pentatonik kombiniert. Man kann diesen Modus regelmäßig in Blues, Rock und Country- Gitarrensolos hören. Derek Trucks, the Allman Brothers und Stevie Ray Vaughan haben Mixolydisch sehr oft verwendet. Wenn du dir einen 12-taktigen Blues anhörst und die Stimmung auf einmal von Moll nach Dur geht, liegt das oft an einer Durpentatonik oder dem Mixolydischen Modus an dieser Stelle.

Mixolydisch ist der Durskala ähnlich, aber enthält die b7, die das Strahlen der Durskala etwas dämpft. Durch diese „gedeckte Farbe" der Durskala, passt Mixolydisch sehr gut zu schnellem Rock und Blues.

Skalaformen von C-Mixolydisch

C Mixolydian Shape 1

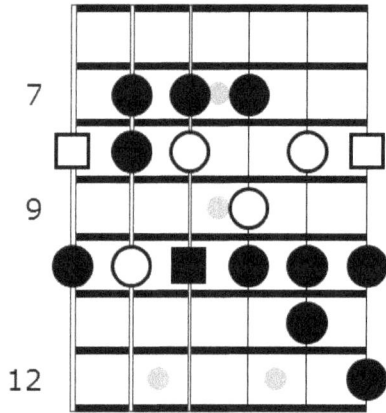

C Mixolydian Shape 2

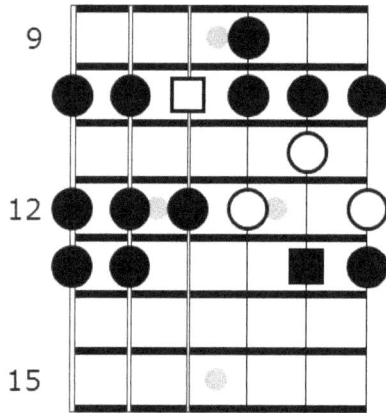

C Mixolydian Shape 3

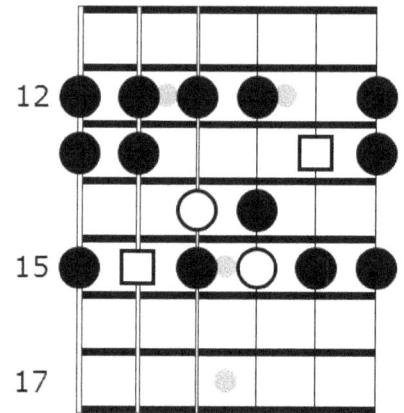

C Mixolydian Shape 4

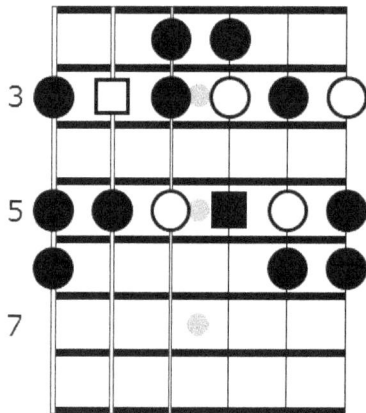

C Mixolydian Shape 5

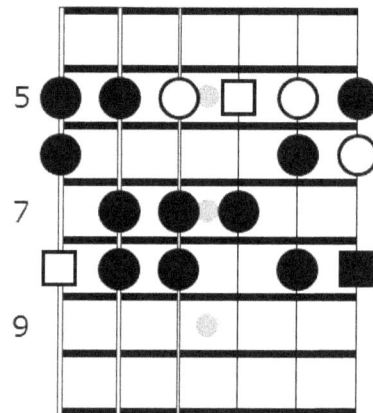

C Mixolydian

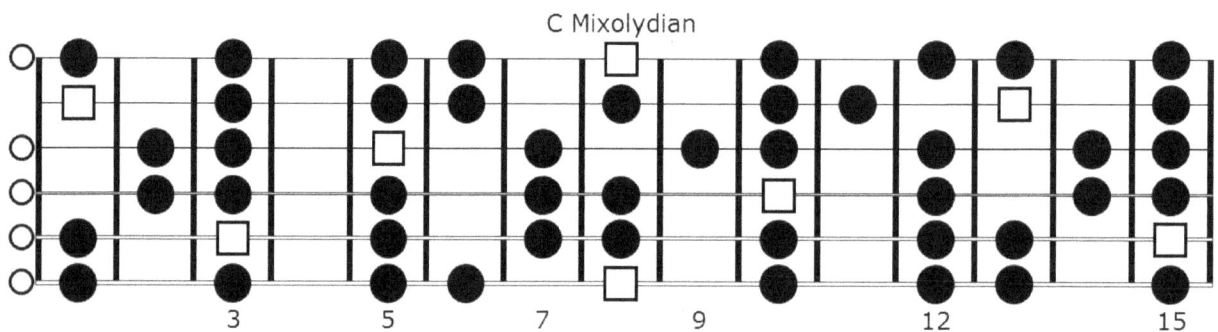

Dreiklangs- und Arpeggioformen in C-Mixolydisch

Dreiklänge

C Major Triad Shape 1

C Major Triad Shape 2

C Major Triad Shape 3

C Major Triad Shape 4

C Major Triad Shape 5

Arpeggios

C7 Shape 1

C7 Shape 2

C7 Shape 3

C7 Shape 4

C7 Shape 5

Typische Akkordfolgen

Backing-Track Mixolydisch 1:

Backing-Track Mixolydisch 2:

Backing-Track Mixolydisch 3:

Praktische Licks

Mixolydisch Lick 1:

Mixolydisch Lick 2:

Mixolydisch Lick 3:

Der Äolische Modus

Formel 1 2 b3 4 5 b6 b7

In einem Satz: Verheißungsvoll und machtvoll.

Quellskala: Dur

Modus: 6

Still Got the Blues – Gary Moore

Europa – Carlos Santana

All Along the Watchtower – Bob Dylan

Äolisch ist wahrscheinlich der Modus der im Heavy Rock und Metal am meisten verwendet wird. Die b3 definiert diesen Modus als Mollmodus. Aber die zusätzliche b6 macht den Klang dunkler und schwerer als Dorisch.

Äolisch wird oft im Jazz-Blues-Stücken in Moll verwendet.

Aber auch moderne Rocksongs stehen oft in Äolisch. Ein klassisches Beispiel wäre Empty Rooms by Gary Moore.

Die Skalaformen von C-Äolisch

C Aeolian Shape 1

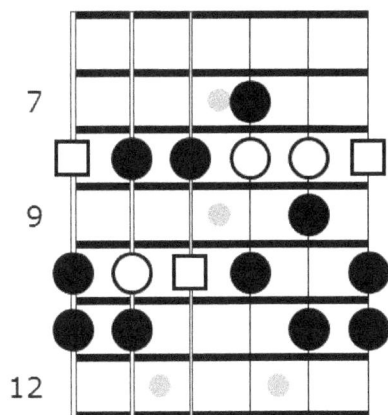

C Aeolian Shape 2

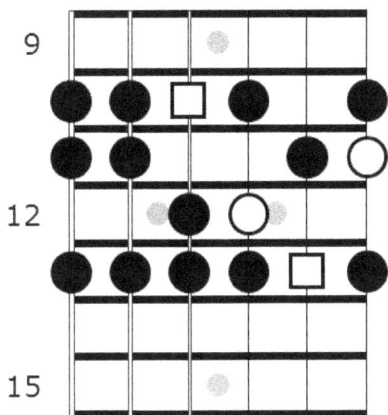

C Aeolian Shape 3

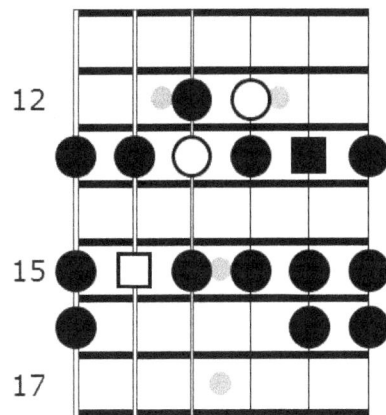

C Aeolian Shape 4

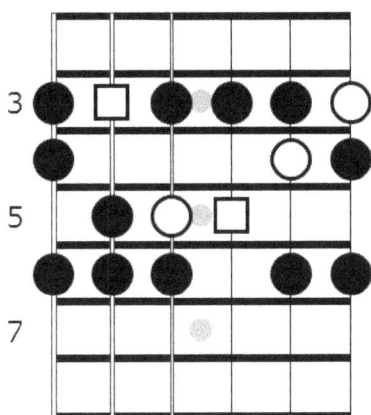

C Aeolian Shape 5

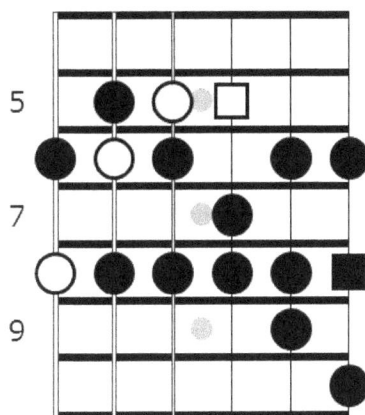

C Aeolian

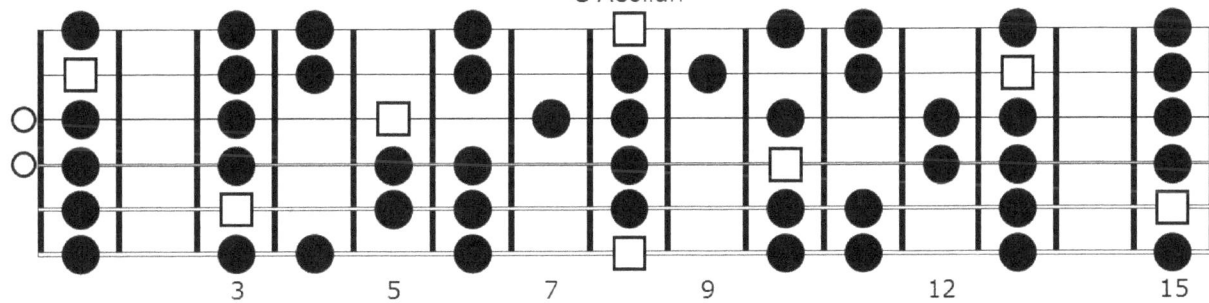

Dreiklangs- und Arpeggioformen in C-Äolisch

Dreiklänge

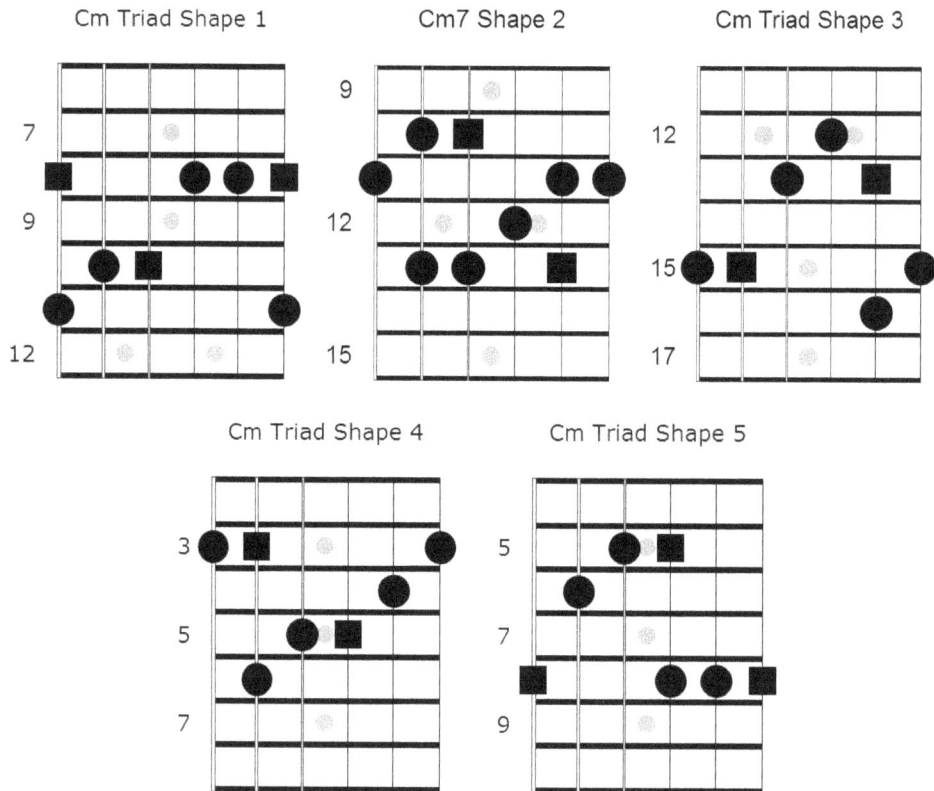

Cm Triad Shape 1   Cm7 Shape 2   Cm Triad Shape 3

Cm Triad Shape 4   Cm Triad Shape 5

Arpeggios

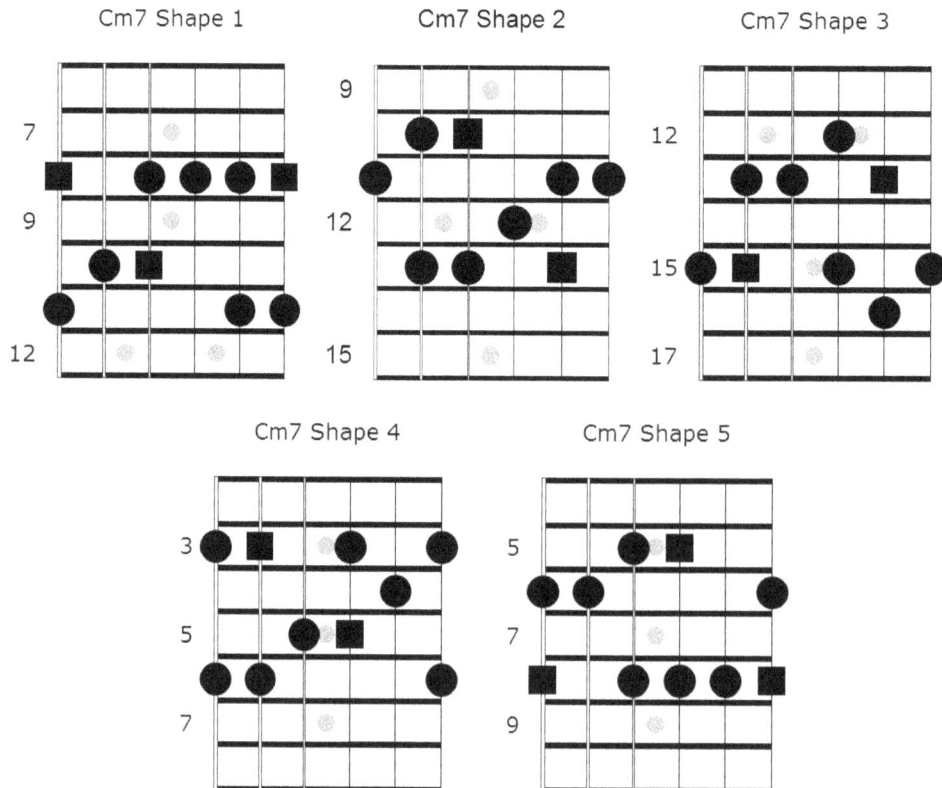

Cm7 Shape 1   Cm7 Shape 2   Cm7 Shape 3

Cm7 Shape 4   Cm7 Shape 5

Typische Akkordfolgen

Backing-Track Äolisch 1:

Backing-Track Äolisch 2:

Backing-Track Äolisch 3:

Praktische Licks

Äolisch Lick 1:

Äolisch Lick 2:

Äolisch Lick 3:

Der Lokrische Modus

C Locrian

Formel 1 b2 b3 4 b5 b6 b7

Quellskala: Dur

Modus: 7

In einem Satz: Dunkel, dreckig, dissonant und aggressiv.

Lokrisch wird in Popularmusik selten verwendet, aber kommt im Death Metal und härteren Solos oft vor. Für viele ist es aber überraschend, dass das der Modus ist, der im Jazz am meisten verwendet wird. Er wird oft über einem m7b5-Akkord verwendet.

Jeder Ton der Lokrischen Skala, abgesehen von der 4, ist erniedrigt. Sie ist also fast so weit von der Durskala entfernt, wie das überhaupt möglich ist. Allerdings ist unser Gehör so sehr an Melodien und Harmonien gewöhnt, dass wir uns unbewusst Akkordfolgen so „zurechthören", sodass wir sie als Progressionen der Durskala wahrnehmen.

Im Heavy Metal wird Lokrisch oft über Powerchords mit einer b5 gespielt, so dass die Harmonie einfach bleibt und die Melodie der Skala das tonale Zentrum definiert.

Skalaformen von C-Lokrisch

C Locrian Shape 1

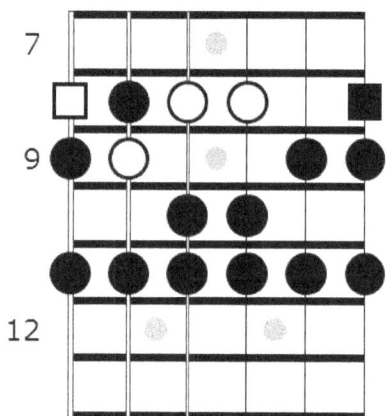

C Locrian Shape 2

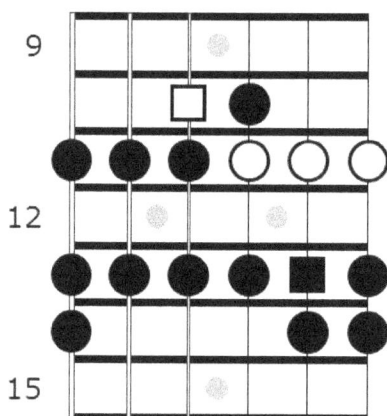

C Locrian Shape 3

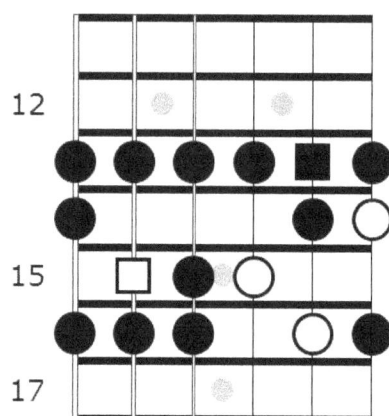

C Locrian Shape 4

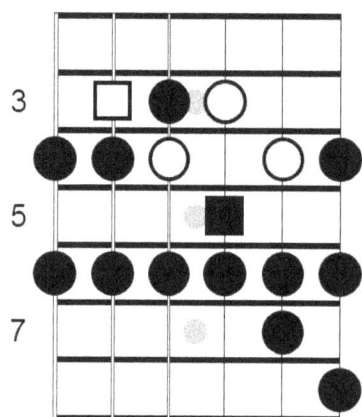

C Locrian Shape 5

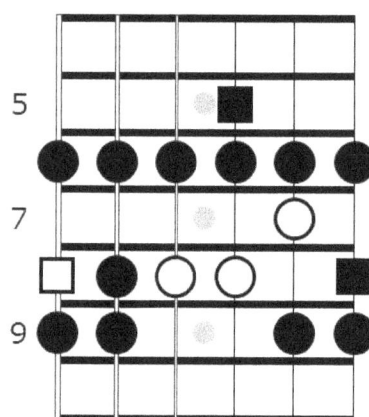

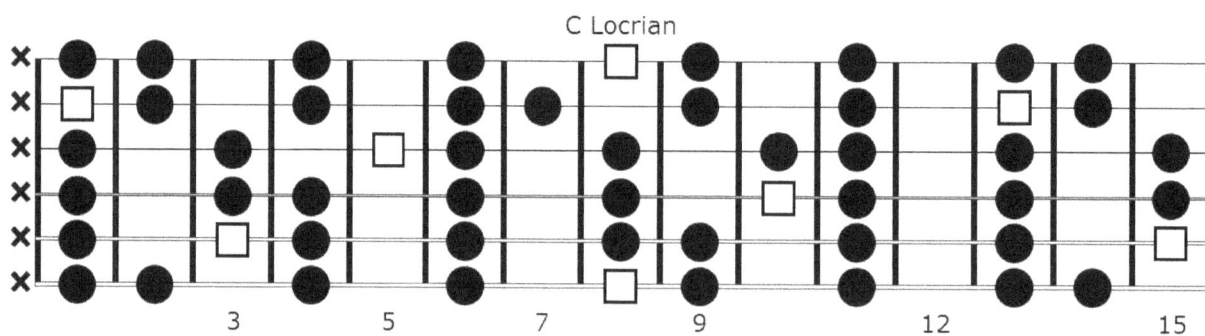

C Locrian

Dreiklangs- und Arpeggioformen in C-Lokrisch

Dreiklänge

Cmb5 Triad Shape 1

Cmb5 Triad Shape 2

Cmb5 Triad Shape 3

Cmb5 Triad Shape 4

Cmb5 Triad Shape 5

Arpeggios

Cm7b5 Shape 1

Cm7b5 Shape 2

Cm7b5 Shape 3

Cm7b5 Shape 4

Cm7b5 Shape 5

Typische Akkordfolgen

Backing-Track Lokrisch 1:

Backing-Track Lokrisch 2:

Backing-Track Lokrisch 3:

Praktische Licks

Lokrisch Lick 1:

Lokrisch Lick 2:

Lokrisch Lick 3:

Die Mollpentatonikskala (Bluesskala)

C Blues

Formel 1 b3 4 (b5) 5 b7

In einem Satz: Die wichtigste Klangfarbe auf der Rock- und Blues-Gitarre.

Die Mollpentatonik, auch Bluesskala genannt, ist die Skala, die in der modernen E-Gitarrenmusik allgegenwärtig ist. Ich würde schätzen, dass über 80% der klassischen Rocksolos auf diesem wichtigen Klanggefüge aufgebaut sind.

Die Mollpentatonikskala ist normalerweise die erste Tonleiter, die Anfängergitarristen lernen, und das ist auch gut so. Sie ist sofort anwendbar, einfach zu spielen und ebnet den Weg zu einigen klassischen Licks, die wirklich jeder kennt.

Eigentlich verkörpert die Mollpentatonikskala den Klang von Blues und Rock. Sie kann über Dur- und Molltonarten gespielt werden und ist extrem vielseitig.

Die Bluesskala wird gebildet, indem man eine zusätzliche b5 zur Standardpentatonik hinzufügt. Die zusätzliche b5 oder „Blue-Note" gibt dem ganz einen Blues-Sound, wie man vom Namen her schon zurecht vermutet.

Die Mollpentatonikskala wird buchstäblich von jedem irgendwann einmal gespielt. Es ist also sinnlos Musiker aufzulisten, deren Markenzeichen sie ist. Lightnin´ Hopkins, Jimi Hendrix, Jimmy Page, Eric Johnson und Paul Gilbert haben die Mollpentatonik alle unterschiedlich behandelt und sind deshalb großartige Beispiele für die vielseitige Verwendung der Skala.

Tonleiterformen in der C-Mollpentatonik

C Minor Pentatonic
Shape 1

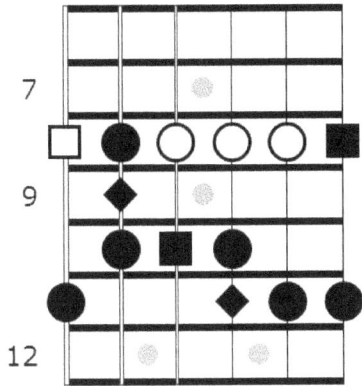

C Minor Pentatonic
Shape 2

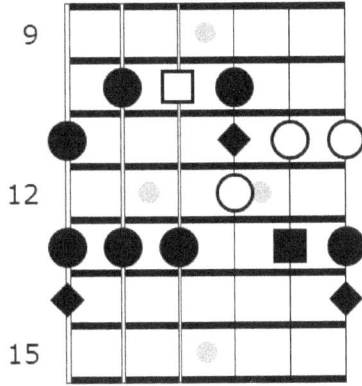

C Minor Pentatonic
Shape 3

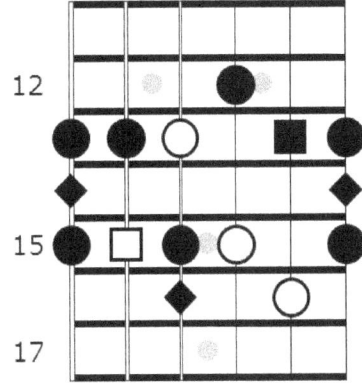

C Minor Pentatonic
Shape 4

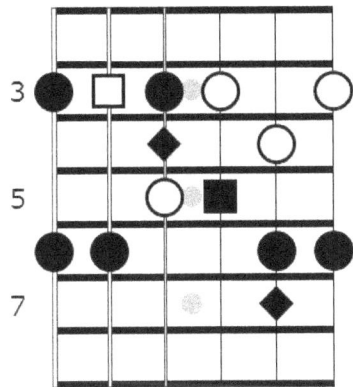

C Minor Pentatonic
Shape 5

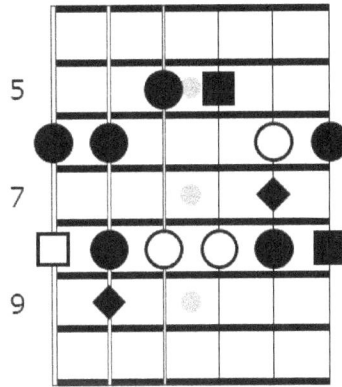

C Minor Pentatonic / Blues

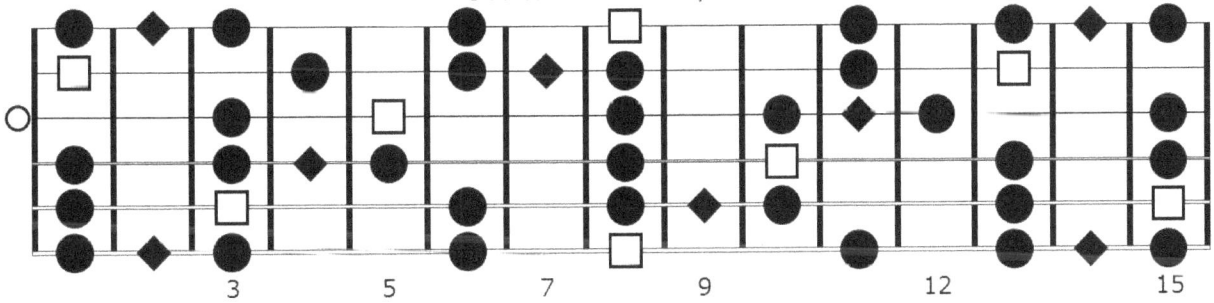

Dreiklangs- und Arpeggioformen in der C-Mollpentatonik

Dreiklänge

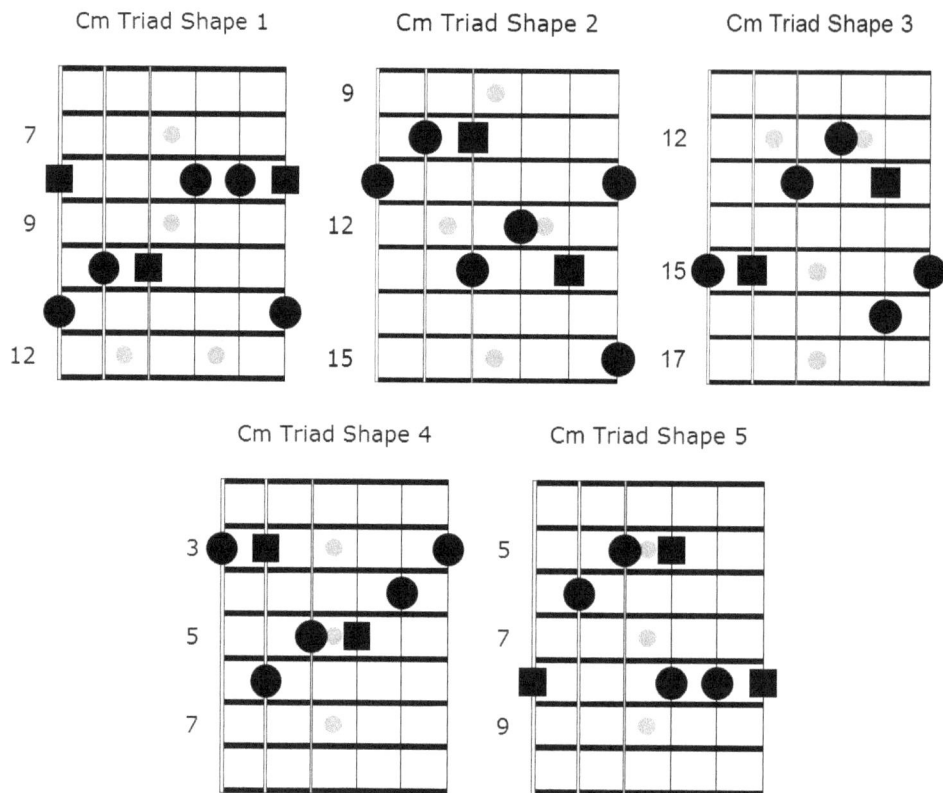

Arpeggios

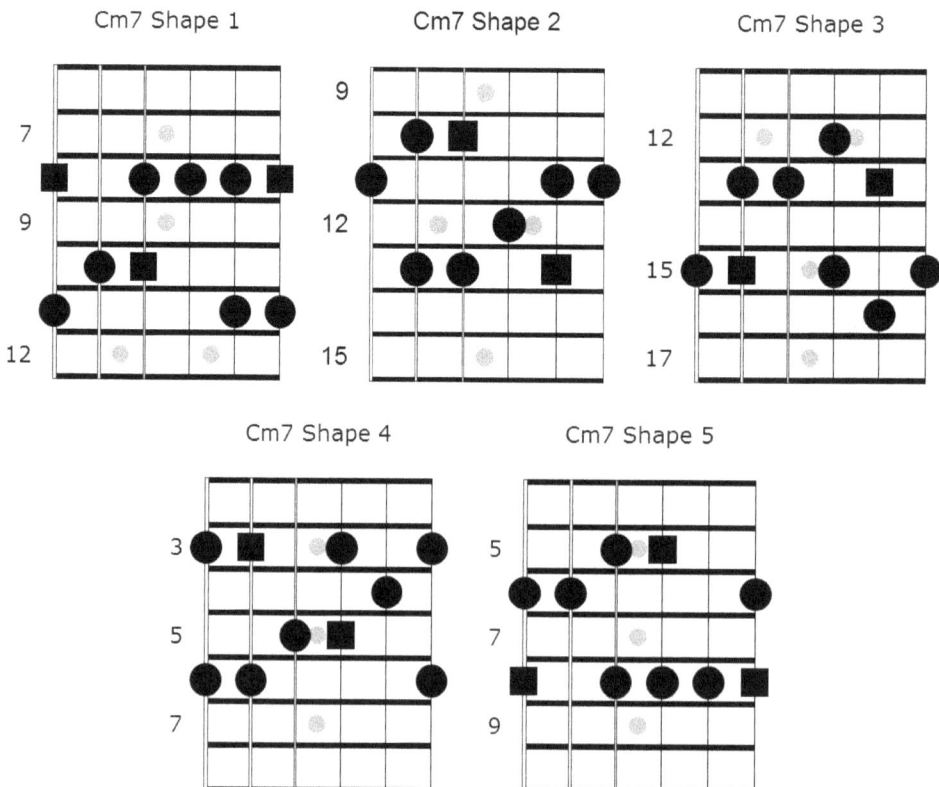

Typische Akkordfolgen

Backing-Track Mollpentatonik 1:

Backing-Track Mollpentatonik 2:

Backing-Track Mollpentatonik 3:

Praktische Licks

Mollpentatonik Lick 1:

Mollpentatonik Lick 2:

Mollpentatonik Lick 3:

Die Durpentatonikskala (Bluesskala)

Formel 1 2 (b3) 3 5 6

In einem Satz: Wunderschön leuchtender Blues.

Die Durpentatonik wird in moderner Musik beinahe so häufig verwendet, wir ihre kleine Schwester, die Mollpentatonik. Sie klingt allerdings deutlich heller und nicht so rau und wird oft mit der Mollpentatonik zusammen verwendet, um die Stimmung der Musik aufzuhellen.

Die Bluesskala der Durpentatonik enthält eine zusätzliche b3, die den strahlenden, fröhlichen Klang der Durpentatonik wieder mehr auf Jazz-Territorium bringt.

Die Fingersätze der Dur- und Mollpentatonik sind identisch. Die Bluesskala in Dur wird oft als „dasselbe" wie die Mollpentatonikskala - nur drei Bünde weiter unten - betrachtet.

Stevie Ray Vaughan und Jimi Hendrix waren Meister im Kombinieren der Dur- und Mollpentatonikskalen und haben damit großartige, emotional komplexe Solos gespielt.

Tonleiterformen in der C-Durpentatonik

C Major Pentatonic
Shape 1

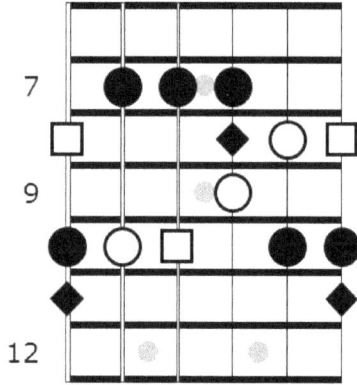

C Major Pentatonic
Shape 2

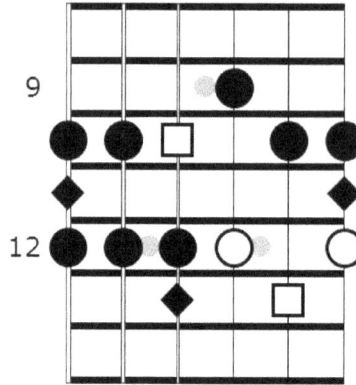

C Major Pentatonic
Shape 3

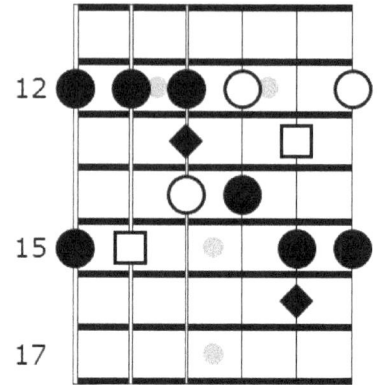

C Major Pentatonic
Shape 4

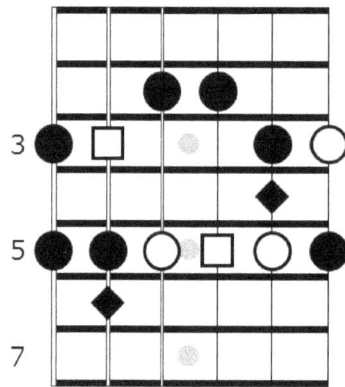

C Major Pentatonic
Shape 5

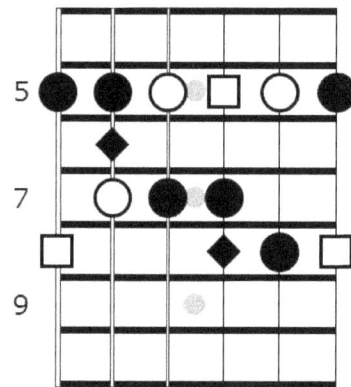

C Major Pentatonic / Blues

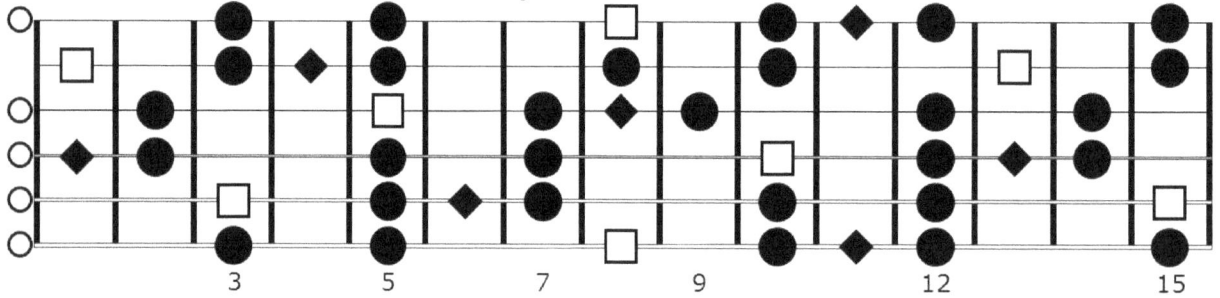

Dreiklangs- und Arpeggioformen in der C-Durpentatonik

Dreiklänge

C Major Triad Shape 1   C Major Triad Shape 2   C Major Triad Shape 3

C Major Triad Shape 4   C Major Triad Shape 5

Arpeggios

Du kannst zwar ein maj6-Apreggio mit einer Durpentatonikskala spielen, aber es ist zur ursprünglichen Skala so ähnlich, dass keine großen Vorteile hat, das Arpeggio in diesem Kontext zu verwenden.

Typische Akkordfolgen

Backing-Track Durpentatonik 1:

Backing-Track Durpentatonik 2:

Backing-Track Durpentatonik 3:

Praktische Licks

Durpentatonik Lick 1:

Durpentatonik Lick 2:

Durpentatonik Lick 3:

Der Melodische Mollmodus

C Melodic Minor

Formel 1 2 b3 4 5 6 7

In einem Satz: Jazzig, dicht und komplex.

Der melodische Mollmodus ist eine der Mollskalen in der Klassik und im Jazz, die am häufigsten vorkommen. Sie hat einen reichen, tiefen Klang, der die Grenzen von verschiedenen Stilrichtungen überwindet. Die Version der melodischen Mollskala in diesem Buch sollte eigentlich besser als Die „Jazz"-Mollskala oder Ionisch-b3 bezeichnet werden. Eine echte traditionelle melodische Mollskala aus der klassischen Musik ändert nämlich ihre Form je nachdem, ob sie aufwärts oder abwärts gespielt wird.

Die klassische Version des melodischen Moll wird wie oben gezeigt aufwärts gespielt. Wenn sie aber abwärts gespielt wird, verwendet man Äolisch. Die meisten modernen Musiker unterscheiden nicht zwischen der aufsteigenden und der absteigenden Version vom melodischen Moll und spielen mit dem Pattern oben sowohl aufwärts, als auch abwärts.

Wie ich bereits erwähnt habe, kann die melodische Mollskala in diesem Kontext besser als Ionisch-b3-Skala bezeichnet werden; sie ist mit Ionisch (Dur) identisch, abgesehen von der b3.

Tonleiterformen in der Melodischen C-Mollskala

C Melodic Minor Shape 1

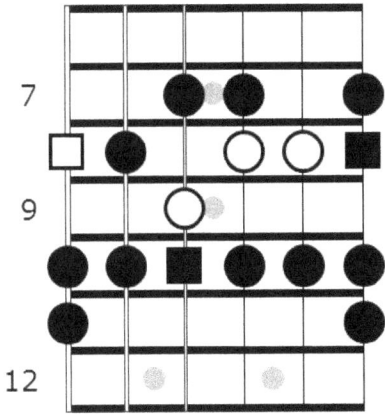

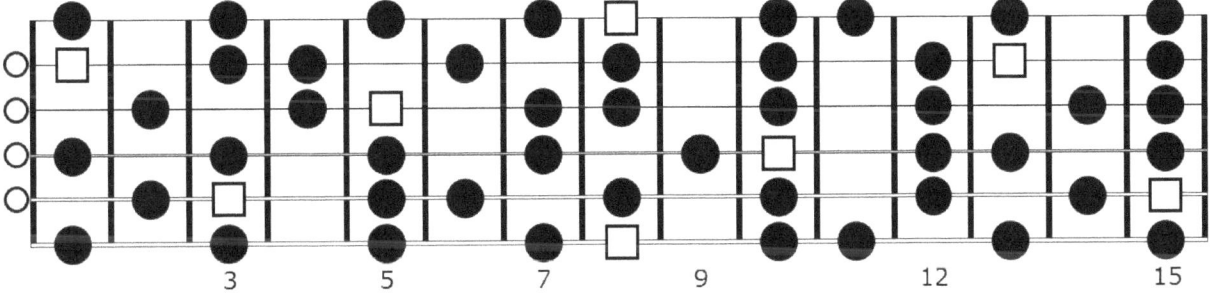

C Melodic Minor Shape 2

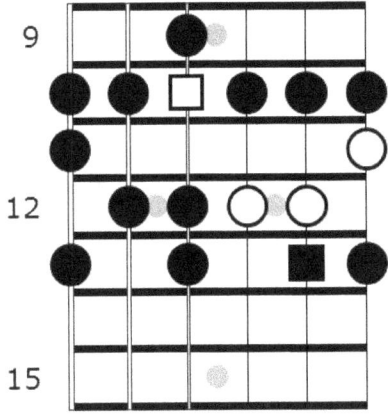

C Melodic Minor Shape 3

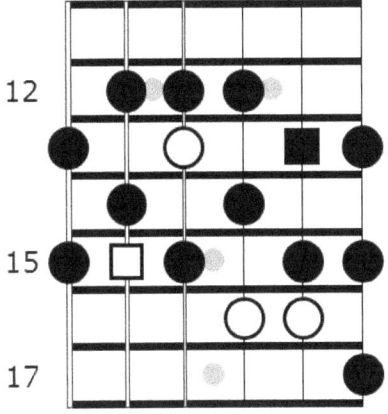

C Melodic Minor Shape 4

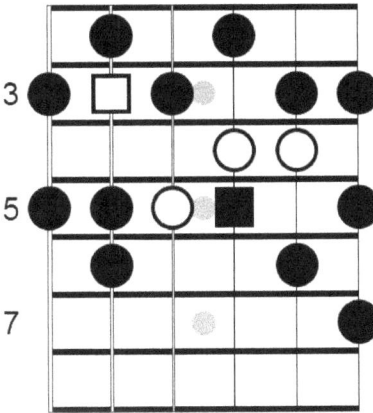

C Melodic Minor Shape 5

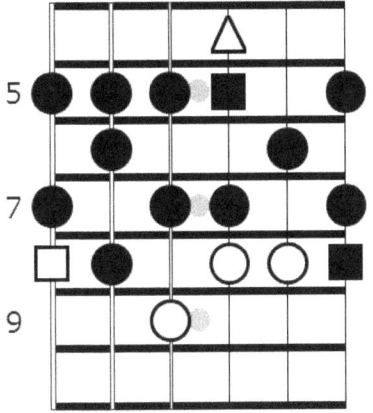

C Melodic Minor

Dreiklangs- und Arpeggioformen in der melodischen C-Mollskala

Dreiklänge

Cm Triad Shape 1   Cm Triad Shape 2   Cm Triad Shape 3

Cm Triad Shape 4   Cm Triad Shape 5

Arpeggios

C mMaj7 Shape 1   C mMaj7 Shape 2   C mMaj7 Shape 3

C mMaj7 Shape 4   C mMaj7 Shape 5

Typische Akkordfolgen

Backing-Track Melodisch Moll 1:

Backing-Track Melodisch Moll 2:

Backing-Track Melodisch Moll 3:

Praktische Licks

Melodisches Moll Lick 1:

Melodisches Moll Lick 2:

Melodisches Moll Lick 3:

Der Lydisch Dominante Modus

C Lydian Dominant

Formel 1 2 3 #4 5 6 b7

Quellskala: Melodisches Moll

Modus: 4

In einem Satz: Rockig-bluesige Fusion.

The Simpsons Theme - Danny Elfman

Der Lydisch Dominante Modus wird im Jazz und Fusion sehr häufig verwendet. Die Skala ist so ähnlich konstruiert, wie Mixolydisch, hat aber eine erhöhte 4. Stufe. Normalerweise wird sie über Dominantseptakkorde verwendet und die meisten Musiker sehen die #4 eher als b5, wodurch die Skala der Bluesskala ähnlicher wird. Genau aus diesem Grund werden auch Mixolydisch und Dominantes Lydisch oft sehr frei mit der Bluesskala kombiniert.

Dominantes Lydisch kommt sowohl über statischen, als auch funktionalen (sich auflösenden) Dominantseptakkorden vor und bildet eine großartige Brücke zwischen traditionellen und jazzigem Blues.

Die Skalaformen von C-Lydisch Dominant

C Lydian Dominant
Shape 1

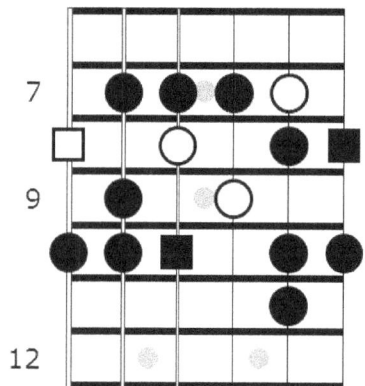

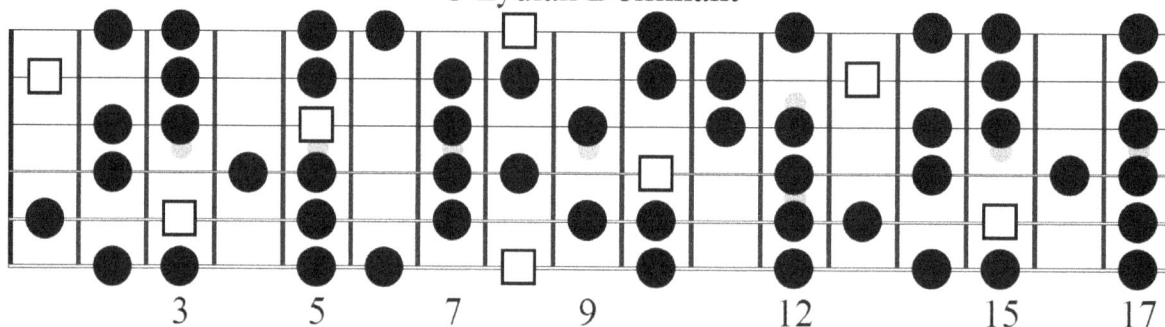

C Lydian Dominant
Shape 2

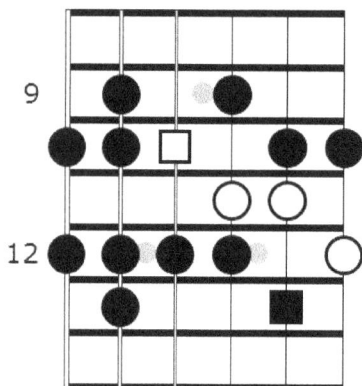

C Lydian Dominant
Shape 3

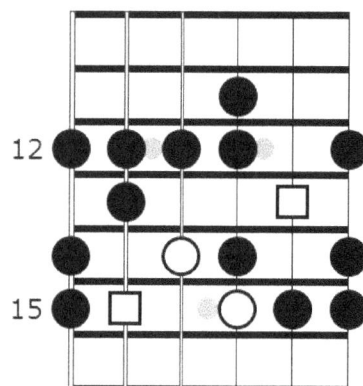

C Lydian Dominant
Shape 4

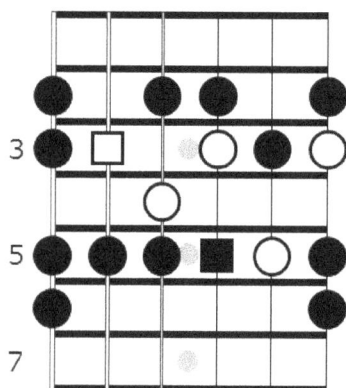

C Lydian Dominant
Shape 5

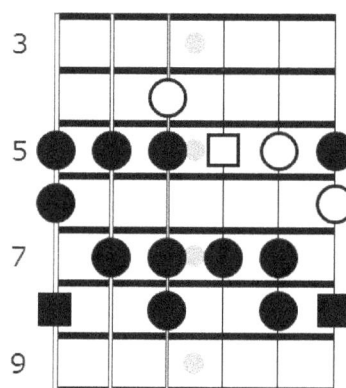

C Lydian Dominant

Dreiklangs- und Arpeggioformen in C-Lydisch Dominant

Dreiklänge

C Majb5 Triad Shape 1

C Majb5 Triad Shape 2

C Majb5 Triad Shape 3

C Majb5 Triad Shape 4

C Majb5 Triad Shape 5

Arpeggios

C7b5 Shape 1

C7b5 Shape 2

C7b5 Shape 3

C7b5 Shape 4

C7b5 Shape 5

Typische Akkordfolgen

Backing-Track Lydisch Dominant 1:

Backing-Track Lydisch Dominant 2:

Backing-Track Lydisch Dominant 3:

Praktische Licks

Lydisch Dominant Lick 1:

Lydisch Dominant Lick 2:

Lydisch Dominant Lick 3:

Die Alterierte Skala

C Altered Scale

Formel 1 b2 #2 3 b5 #5 b7

Quellskala: Melodisches Moll

Modus: 7

In einem Satz: Meist in Jazz und Fusion verwendet - gibt einem dominantischen Akkord alle möglichen alterierten Spannungstöne.

Diese Skala ist definitiv vor allem etwas für echte Jazzer: der Alterierte oder „Super-Lokrische" Modus umfasst sowohl den Grundton, als auch die Guide Tones eines Dominantseptakkordes (1, 3 und b7), sowie *jede* mögliche chromatische Alteration des Dominantseptakkordes (b9, #9, b5 und #5). Sie eignet sich dadurch perfekt für Improvisationen über einer alterierten Dominante, die sich zur Tonika der Tonart auflöst, wie zum Beispiel:

C7#5b9 - Fm7

Theoretisch könnte man sagen, dass sie besser passt, wenn die Dominante sich zu einer Molltonika auflöst. Allerdings wird sie auch häufig verwendet, wenn die Dominante sich zu einem Durakkord auflöst.

Wichtig ist auch, dass die Alterierte Skala keine natürlich 5. Stufe enthält. Das verleiht ihr einen extrem ruhelosen Klang, aber kann auf funktionalen Dominanten wunderbar funktionieren.

Die Skala wird oft Super-Lokrisch genannt, weil sie identisch zu Lokrisch ist, aber eine b4 (Durterz) enthält. Deshalb funktioniert die Alterierte Skala ganz anders. Sie wird als Durmodus betrachtet und über dominantischen Akkorden verwendet.

Die Alterierte Skala kann über statischen alterierten Dominanten, wie in der Progression weiter unten verwendet werden. Und obwohl es schön ist, sie zu üben und ihren einzigartigen Klang kennenzulernen, wird sie in diesem Kontext musikalisch eher selten verwendet.

Die Skalaformen von C-Alteriert

C Altered Shape 1

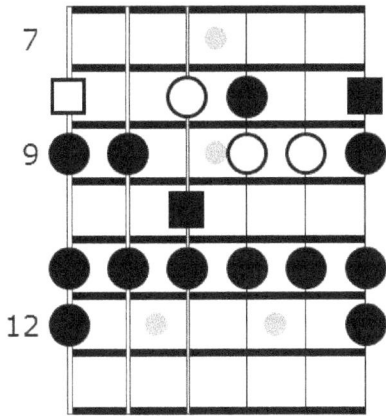

C Altered Shape 2

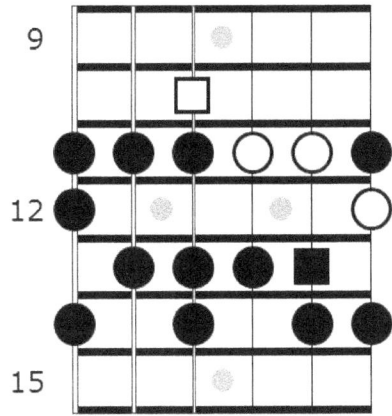

C Altered Shape 3

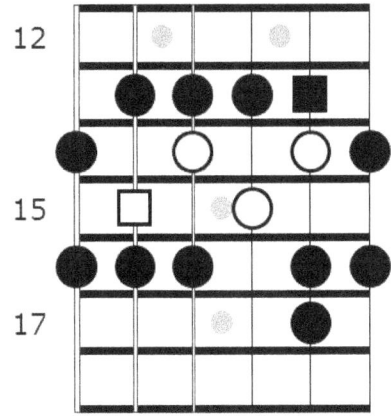

C Altered Shape 4

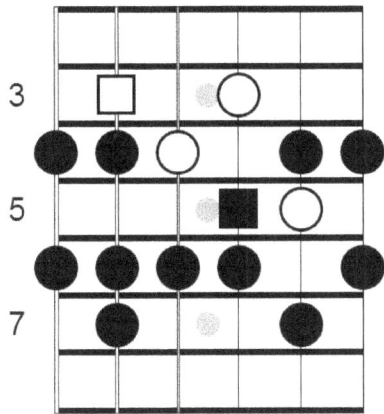

C Altered Shape 5

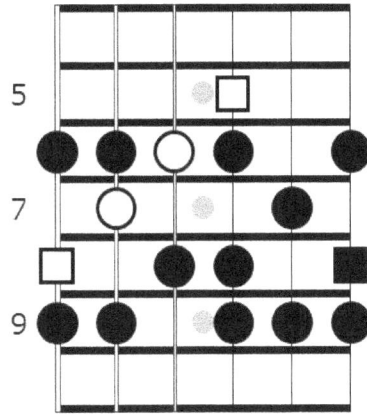

C Altered Scale

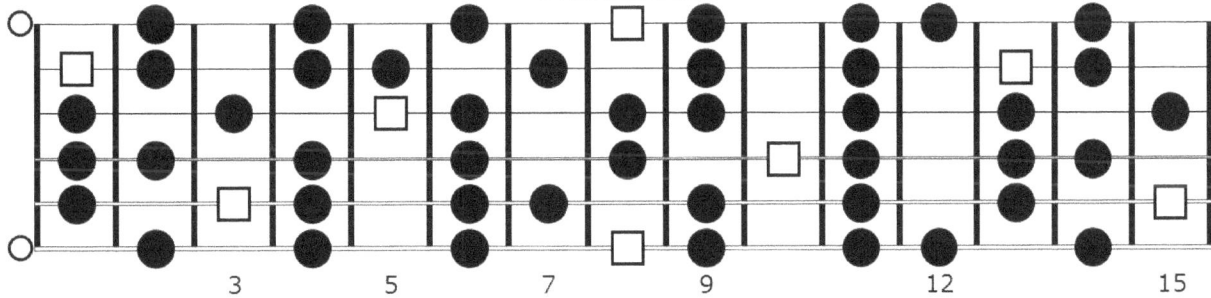

Dreiklangs- und Arpeggioformen in C-Alteriert

Dreiklänge

C Augmented Shape 1

C Augmented Shape 2

C Augmented Shape 3

C Augmented Shape 4

C Augmented Shape 5

Arpeggios

C7#5 Shape 1

C7#5 Shape 2

C7#5 Shape 3

C7#5 Shape 4

C7#5 Shape 5

Typische Akkordfolgen

Backing-Track Alteriert 1:

Backing-Track Alteriert 2:

Backing-Track Alteriert 3:

Praktische Licks

Alteriert Lick 1:

Alteriert Lick 2:

Alteriert Lick 3:

Die Harmonische Mollskala

C Harmonic Minor

Formel 1 2 b3 4 5 b6 7

In einem Satz: In der Neoklassik, im Metal und im Gyspy Jazz.

Die harmonische Mollskala kann heutzutage etwas altmodisch klingen. Wenn du sie aber sparsam verwendest, kann sie deinen Improvisationen Tiefe und eine gewisse Intellektualität verleihen.

Die harmonische Mollskala hat ein charakteristisches Intervall von 1 1/2 Ganztönen zwischen der b6 und der Septim. Dieser Sprung klingt in unseren Ohren sofort Arabisch bzw. fernöstlich. Dieser Sprung von der b6 zur Septim (Ab nach B in der Tonart C) klingt in unseren Ohren sofort Arabisch bzw. fernöstlich.

In der klassischen Musik ist die harmonische Mollskala traditionellerweise die Basis für Harmonien und Akkordstrukturen in Moll (daher auch der Name). Stücke in Durtonarten bilden ihre Akkorde normalerweise aus der Durskala, während Musik in Molltonarten seine Akkorde aus der harmonisierten harmonischen Mollskala bezieht. Es wird dich nicht überraschen, dass die meisten klassischen *Mollmelodien* aus der *melodischen* Mollskala gebildet werden. Sie ist einfach glatter schrittweise aufgebaut (es gibt eine übermäßige Sekund zwischen der b6 und der Septim, wie beim harmonischen Moll).

Die harmonische Mollskala wird zwar im modernen neoklassischen Shredding von Leuten wie Yngwie Malmsteen viel verwendet, aber fairerweise muss man sagen, dass diese Gitarristen die harmonische Mollskala von ihrem 5. Modus, Phrygisch, aus betrachten (wir werden das im nächsten Kapitel genauer ansehen). Wenn diese Spieler zum Beispiel in A-Moll spielen, *denken* sie Dominant E-Phrygisch. Die Töne sind die gleichen, aber, ob du es glaubst oder nicht, wenn man harmonisch Moll von der V. Stufe aus denkt, vereinfacht das die Sache erheblich.

Das heißt nicht, dass die harmonische Mollskala nicht gut anwendbar oder unwichtig sein soll; sie ist ein unglaublich wirkungsvolles Mittel für dunkle Rock-Solos.

Toneiterformen in der harmonischen C-Mollskala

C Harmonic Minor
Shape 1

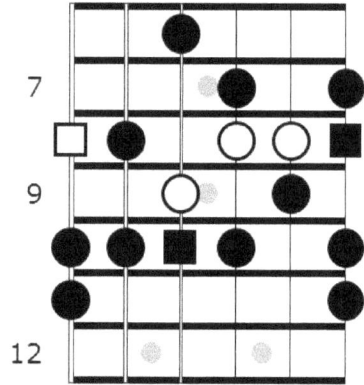

C Harmonic Minor
Shape 2

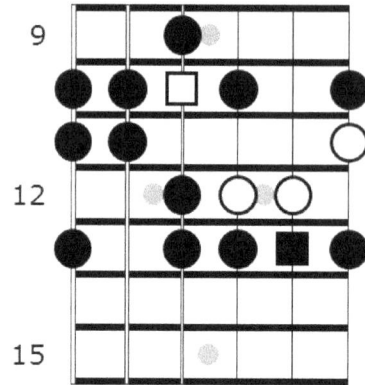

C Harmonic Minor
Shape 3

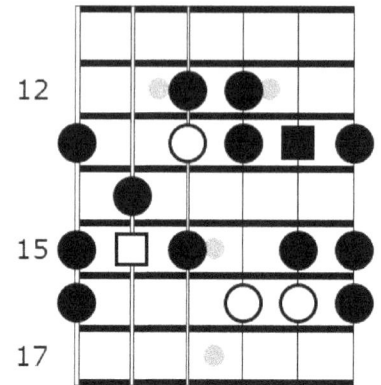

C Harmonic Minor
Shape 4

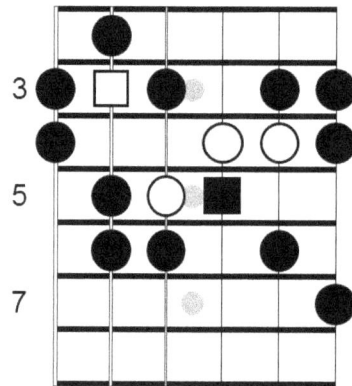

C Harmonic Minor
Shape 5

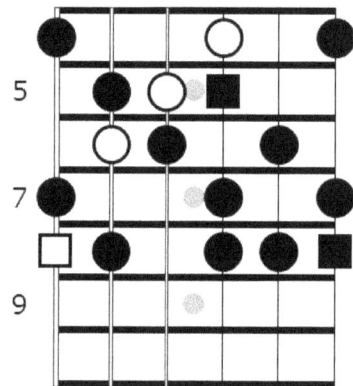

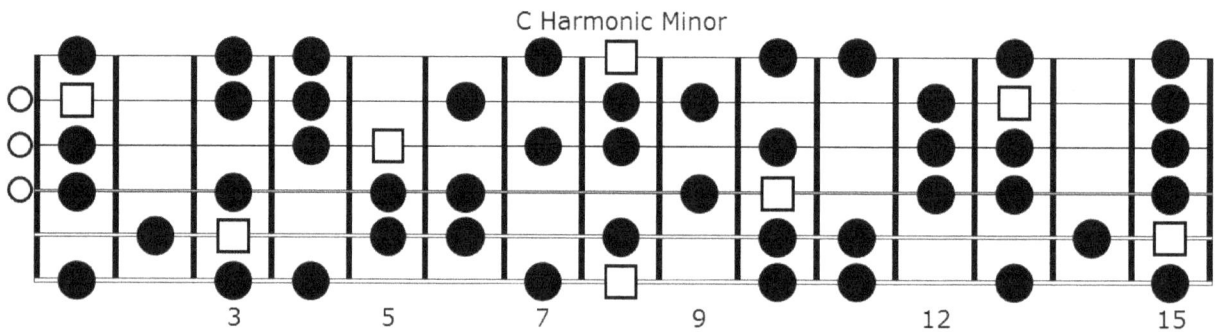

C Harmonic Minor

Dreiklangs- und Arpeggioformen in der harmonischen C-Mollskala

Dreiklänge

Cm Triad Shape 1

Cm Triad Shape 2

Cm Triad Shape 3

Cm Triad Shape 4

Cm Triad Shape 5

Arpeggios

C mMaj7 Shape 1

C mMaj7 Shape 2

C mMaj7 Shape 3

C mMaj7 Shape 4

C mMaj7 Shape 5

Typische Akkordfolgen

Backing-Track Harmonisch Moll 1:

Backing-Track Harmonisch Moll 2:

Backing-Track Harmonisch Moll 3:

Praktische Licks

Harmonisch Moll Lick 1:

Harmonisch Moll Lick 2:

Harmonisch Moll Lick 3:

Der Phrygisch Dominante Modus

C Phrygian Dom

Formel 1 b2 3 4 5 b6 b7

Quellskala: Harmonisches Moll

Modus: 5

In einem Satz: Intensiver Flamenco - wird im Jazz oft verwendet, wenn sich ein dominantischer Akkord zu einem Mollakkord auflöst.

Die Dominante Phrygische Skala ist sowohl im Jazz, als auch im Rock extrem beliebt. Sie klingt irgendwie Spanisch und nach Gypsy-Musik, wodurch man sie leicht wiedererkennen kann.

Viele Leute würde sagen, dass der Phrygisch Dominante Modus die Basis für die meisten Stücke im Flamenco bildet.

Im Rock wurde sie vor allem von Rush und Metallica viel verwendet. Auch im berühmten „Pick Tapping"-Abschnitt von Joe Satriani's Surfin' with the Alien (1:09) findet dieser Modus Verwendung.

Der Phrygisch Dominante Modus gehört auch zu den Lieblingsmodi verschiedener neoklassischer Rockgitarristen, wie Yngwie Malmsteen. Die drei Halbtöne zwischen der b2 und der Durterz erinnern nämlich sofort sehr stark an klassische Musik.

Im Jazz wird Dominant Phrygisch oft in ii-v-i-Verbindungen in Moll verwendet. Über einer funktionalen (sich auflösenden) Dominante gespielt, haben phrygisch dominante Melodien eine starke Auflösungstendenz zur Molltonika, weil die b6 des Phrygisch Dominanten Modus zur Mollterz der Tonika wird.

Die Skalaformen von C-Phrygisch Dominant

C Phrygian Dominant
Shape 1

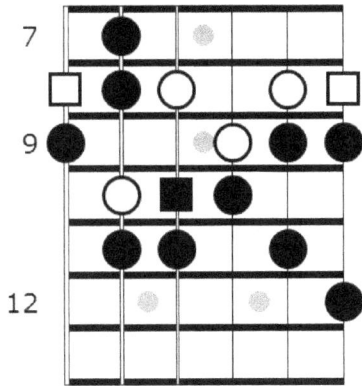

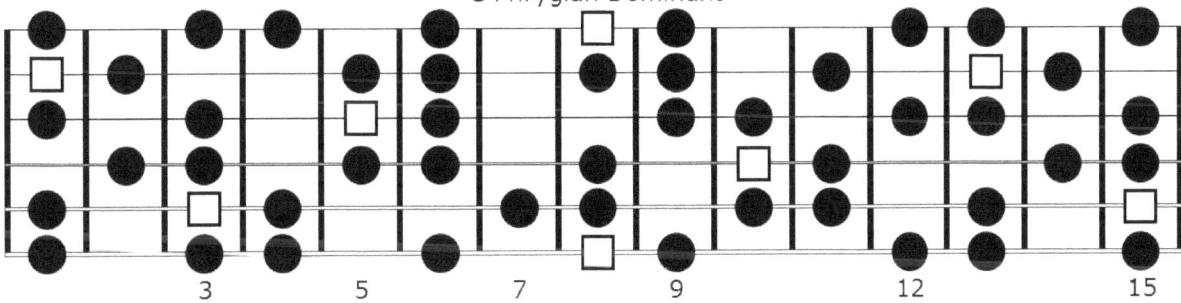

C Phrygian Dominant
Shape 2

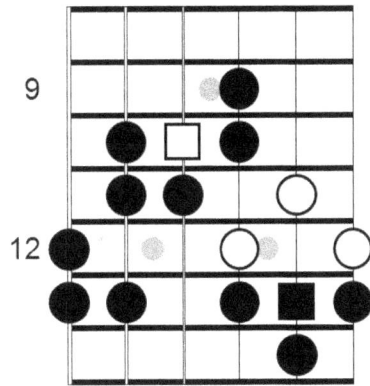

C Phrygian Dominant
Shape 3

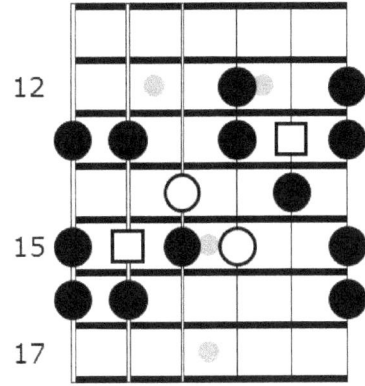

C Phrygian Dominant
Shape 4

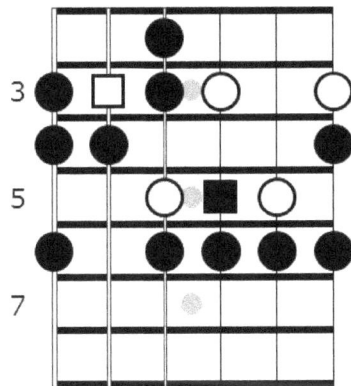

C Phrygian Dominant
Shape 5

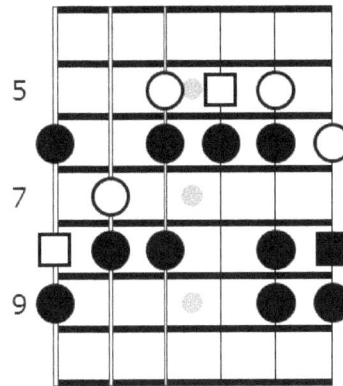

C Phrygian Dominant

Dreiklangs- und Arpeggioformen in C-Phrygisch Dominant

Dreiklänge

C Major Triad Shape 1

C Major Triad Shape 2

C Major Triad Shape 3

C Major Triad Shape 4

C Major Triad Shape 5

Arpeggios

C7 Shape 1

C7 Shape 2

C7 Shape 3

C7 Shape 4

C7 Shape 5

Typische Akkordfolgen

Backing-Track Phrygisch Dominant 1:

Backing-Track Phrygisch Dominant 2:

Backing-Track Phrygisch Dominant 3:

Praktische Licks

Phrygisch Dominant Lick 1:

Phrygisch Dominant Lick 2:

Phrygisch Dominant Lick 3:

Die Mixolydische Bebopskala

C Mixolydian Bop

Formel 1 2 3 4 5 6 b7 7

Quellskala: Dur

Modus: 5

In einem Wort: Jazzblues.

Die mixolydische Bebopskala hat die gleiche Funktion, wie die reine mixolydische Skala. Allerdings hat sie einen zusätzlichen Ton; die natürliche (große) Septim zwischen der b7 und dem Grundton.

Durch diesen Ton entsteht eine Tonleiter aus acht Tönen. Skalen aus acht Tönen sind im Jazz sehr praktisch (Jazz ist Musik auf Achtelbasis), weil uns das erleichtert, Arpeggiotöne auf dem Schlag zu spielen und gleichzeitig lange Melodielinien zu bilden.

Wenn du zum Beispiel eine Phrase auf einem Arpeggioton beginnst und die Bebopskala in Achtelnoten aufwärts oder abwärts spielst, wirst du die Arpeggiotöne (den Grundton, die Terz, die Quint oder die Septim) automatisch auf den vollen Schlägen im Takt spielen. Jazzsolos werden oft um diese Arpeggiotöne herum konstruiert. Mit Bebopskalen können wir einfach lange Tonleiterphasen machen, ohne dass wir uns sehr viele Gedanken dazu machen müssen, wo wir die Arpeggio-Töne platzieren müssen.

Versuche die Bebopskala in C-Mixolydisch in Achtel zu spielen und fange mit dem Grundton (C) an. Dir wird auffallen, dass die Arpeggiotöne (C, E, G und Bb) jeweils auf einen Schlag fallen. Solange du auf einem Arpeggioton beginnst, gilt diese Regel immer.

Die Skalaformen der Bebopskala in C-Mixolydisch

C Mixolydian Bebop
Shape 1

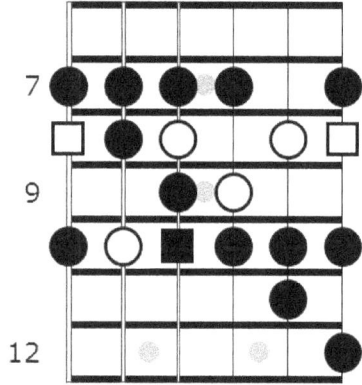

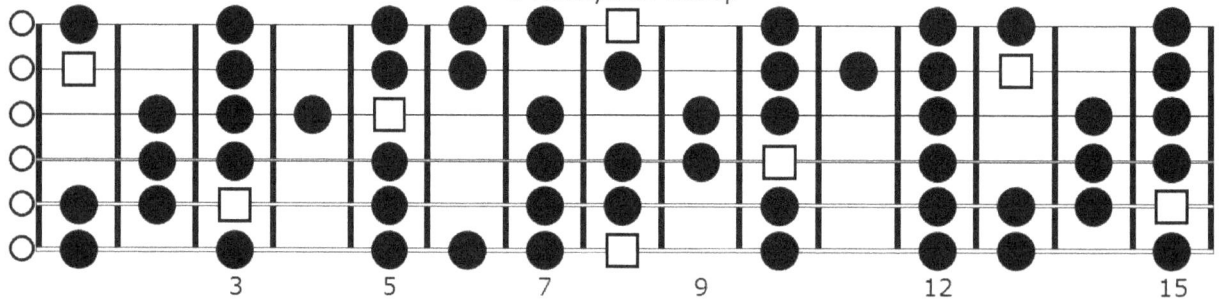

C Mixolydian Bebop
Shape 2

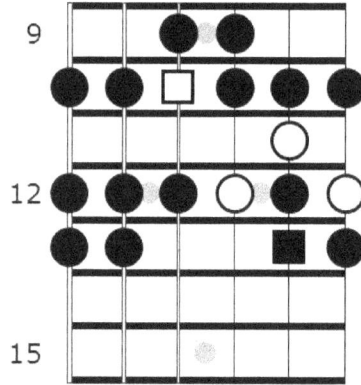

C Mixolydian Bebop
Shape 3

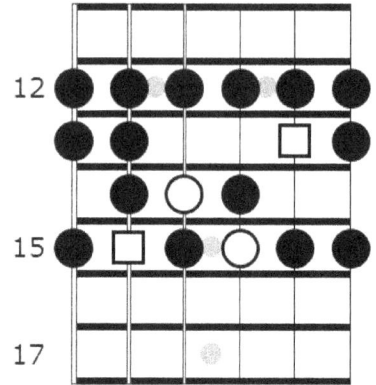

C Mixolydian Bebop
Shape 4

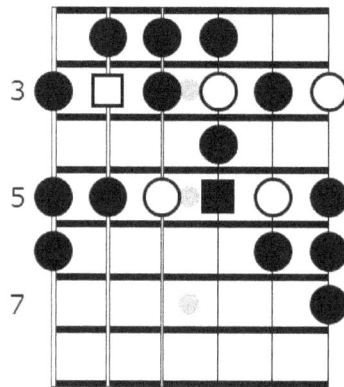

C Mixolydian Bebop
Shape 5

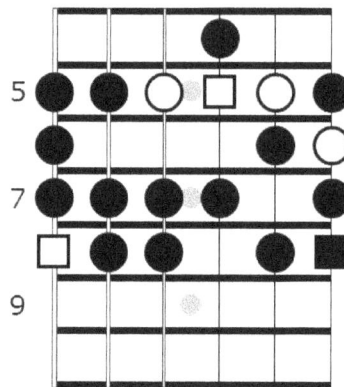

C Mixolydian Bebop

Dreiklangs- und Arpeggioformen der Bebopskala in C-Mixolydisch

Dreiklänge

C Major Triad Shape 1

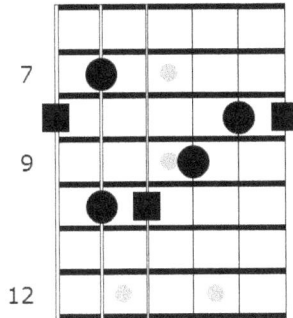

C Major Triad Shape 2

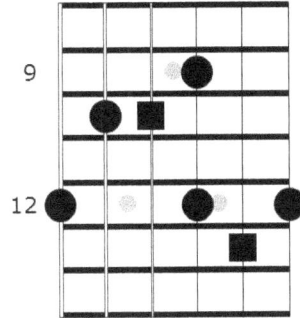

C Major Triad Shape 3

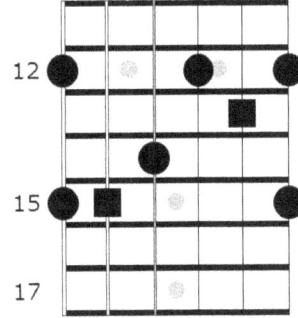

C Major Triad Shape 4

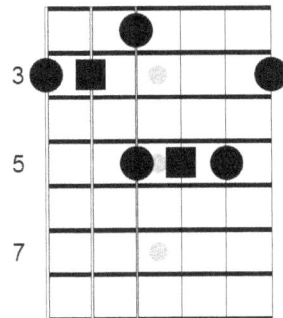

C Major Triad Shape 5

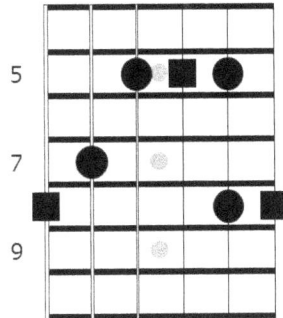

Arpeggios

C7 Shape 1

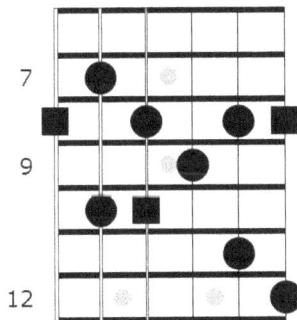

C7 Shape 2

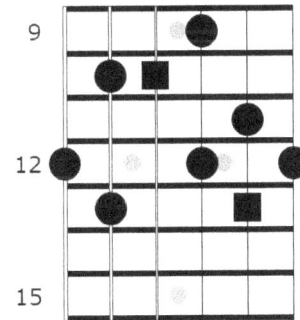

C7 Shape 3

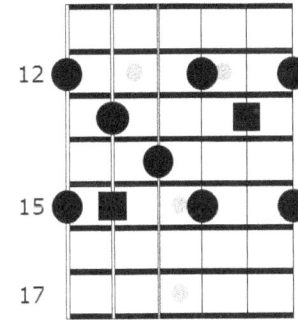

C7 Shape 4

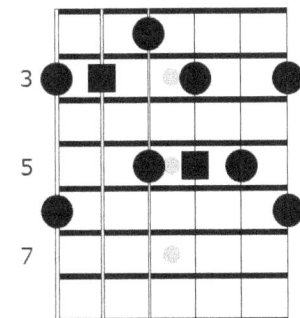

C7 Shape 5

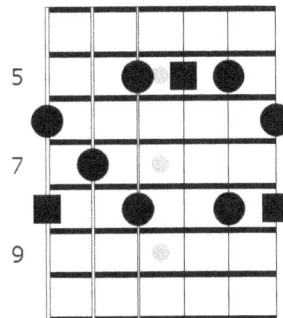

Typische Akkordfolgen

Backing-Track Mixolydisch Bebop 1:

Backing-Track Mixolydisch Bebop 2:

Backing-Track Mixolydisch Bebop 3:

Praktische Licks

Mixolydisch Bebop Lick 1:

Mixolydisch Bebop Lick 2:

Mixolydisch Bebop Lick 3:

Die Dorische Bebopskala

C Dorian Bop

Formel 1 2 b3 4 5 6 b7 7

Quellskala: Dur

Modus: 2

In einem Satz: Entspannter Jazzblues in Moll.

Es gibt zwei Bebopskalen in Dorisch, die häufig verwendet werden. Die eine ist der dorische Modus mit einer zusätzlichen großen Septim. Die andere ist Dorisch mit einer zusätzlichen großen Terz (1 2 b3 3 4 5 6 b7). Dieses Buch konzentriert sich auf die dorische Bebopskala mit der zusätzlichen großen Septim.

Die dorische Bebopskala hat die gleiche Funktion, wie die reine dorische Skala. Allerdings hat sie einen zusätzlichen Ton; die natürliche (große) Septim zwischen der b7 und dem Grundton.

Durch diesen Ton entsteht eine Tonleiter aus acht Tönen. Skalen aus acht Tönen sind im Jazz sehr praktisch (Jazz ist Musik auf Achtelbasis), weil sie es uns leichter machen, Arpeggiotöne auf dem Schlag zu spielen und gleichzeitig lange Melodielinien zu bilden.

Wenn du zum Beispiel eine Phrase auf einem Arpeggioton beginnst und die Bebopskala in Achtelnoten aufwärts oder abwärts spielst, wirst du automatisch die Arpeggiotöne (den Grundton, die Terz, die Quint oder die Septim) automatisch auf den Schlägen im Takt spielen. Jazzsolos werden oft um die Arpeggiotöne herum konstruiert. Mit Bebopskalen können wir einfach lange Tonleiterphasen machen, ohne dass wir uns sehr viele Gedanken dazu machen müssen, wo wir die Arpeggio-Töne platzieren müssen.

Versuche die Bebopskala in C-Dorisch auf Achtelnoten zu spielen und fange mit dem Grundton (C) an. Dir wird auffallen, dass die Arpeggiotöne (C, Eb, G und Bb) jeweils auf einen Schlag fallen. Solange du auf einem Arpeggioton beginnst, lässt sich diese Regel immer anwenden.

Die Skalaformen der Bebopskala in C-Dorisch

C Dorian Bebop Shape 1

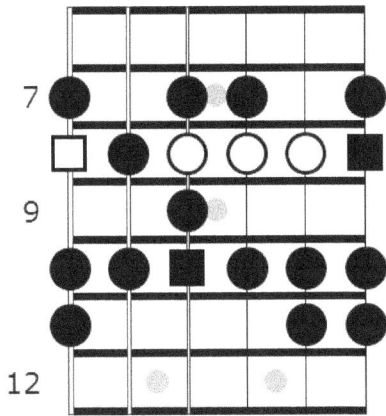

C Dorian Bebop Shape 2

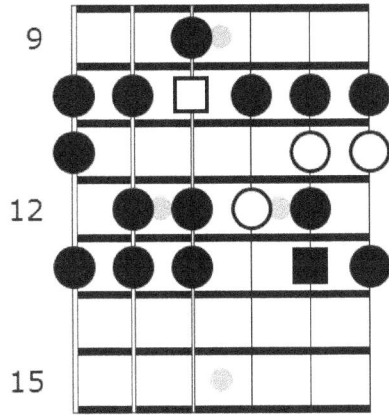

C Dorian Bebop Shape 3

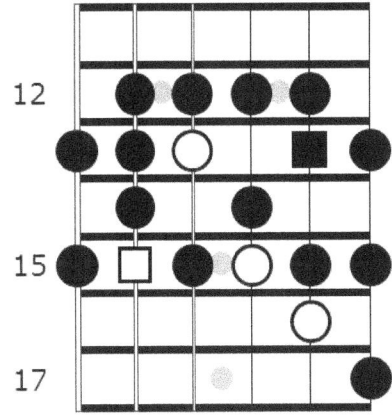

C Dorian Bebop Shape 4

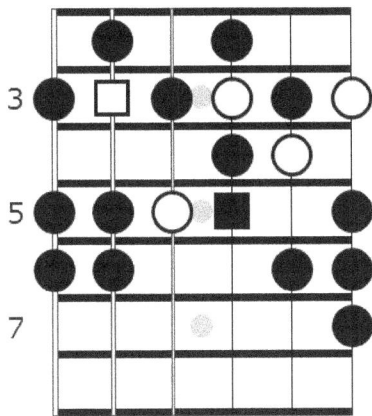

C Dorian Bebop Shape 5

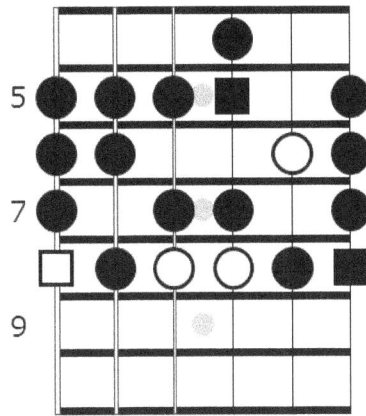

C Dorian Bebop

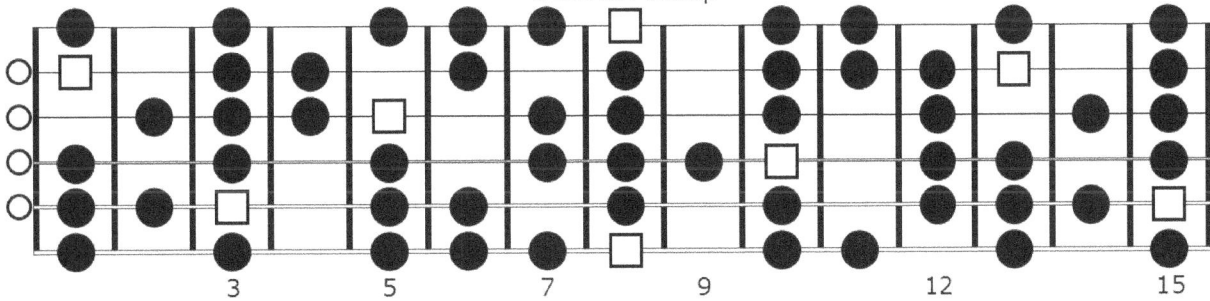

Dreiklangs- und Arpeggioformen der Bebopskala in C-Dorisch

Dreiklänge

Cm Triad Shape 1   Cm Triad Shape 2   Cm Triad Shape 3

Cm Triad Shape 4   Cm Triad Shape 5

Arpeggios

Cm7 Shape 1   Cm7 Shape 2   Cm7 Shape 3

Cm7 Shape 4   Cm7 Shape 5

Typische Akkordfolgen

Backing-Track Dorisch Bebop 1:

Backing-Track Dorisch Bebop 2:

Backing-Track Dorisch Bebop 3:

Praktische Licks

Dorisch Bebop Lick 1:

Dorisch Bebop Lick 2:

Dorisch Bebop Lick 3:

Die Verminderte Halbton-Ganztonleiter

C Half Whole

Formel 1 b2 #2 3 b5 5 6 b7 (die b5 wird oft als #4 geschrieben)

Synthetische Skala, die nur eingeschränkt transponiert werden kann

In einem Satz: Jazz, Fusion, dissonant - meist im Jazz verwendet, wenn ein dominantischer Akkord zu einem Durakkord aufgelöst wird.

Synthetische Skalen sind Tonleitern, die nicht „natürlich" in einem modalen System vorkommen; sie werden durch die Wiederholung eines (synthetischen) Musters von Ganz- und Halbtönen konstruiert.

Die verminderte Halbton-Ganztonleiter, zum Beispiel, wird aus dem Muster *Halbton, Ganzton, Halbton, Ganzton, usw.* gebildet. Dieses Muster bildet eine Skala aus acht Tönen, die sehr gut zu melodisch „geometrischen" Mustern in Solos passt. Es ist eher ungewöhnlich Akkorde und Harmonien von synthetischen Skalen abzuleiten, aber manchmal kommt das im Jazz und in Fusion vor. Die Verminderte Halbton-Ganztonleiter wird im Jazz oft auf einer funktionalen (sich auflösenden) Dominante verwendet, die sich zu einem maj7-Akkord im Quintabstand bewegt. Zum Beispiel:

C7 - Fmaj7

Die verminderte Halbton-Ganztonskala kann auch zum Improvisieren über bestimmten spezifischen Akkord-Vamps (Harmonien, die über einen längeren Zeitraum liegen bleiben) verwendet werden. Sie werden in den Beispielen gezeigt.

Wenn eine Skala nur „eingeschränkt transponiert" werden kann, heißt das, dass sie aufgrund ihrer geometrischen Konstruktion nur in bestimmte Tonarten übertragen werden kann. Die verminderte Halbton-Ganztonskala in C, zum Beispiel, ist identisch mit den verminderten Halbton-Ganztonskalen in Eb, F, sowie A.

Anders gesagt: die Skala wiederholt sich selbst im kleinen Terzabstand (alle drei Bünde). Das kann man leicht sehen, wenn man das Griffbild auf der folgenden Seite anschaut.

Die Skalaformen der Halbton-Ganztonskala in C

C Half Whole Shape 1

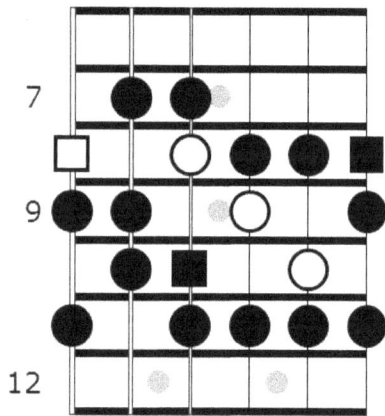

C Half Whole Shape 2

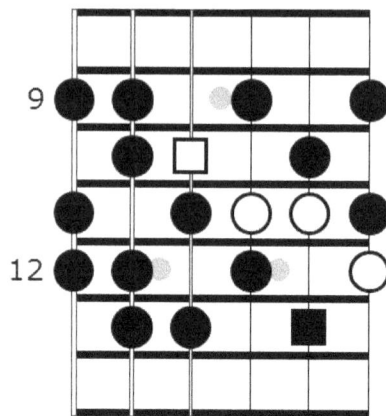

C Half Whole Shape 3

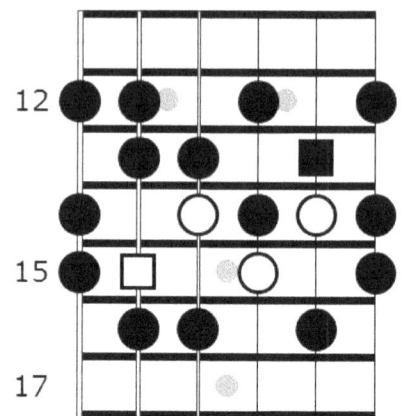

C Half Whole Shape 4

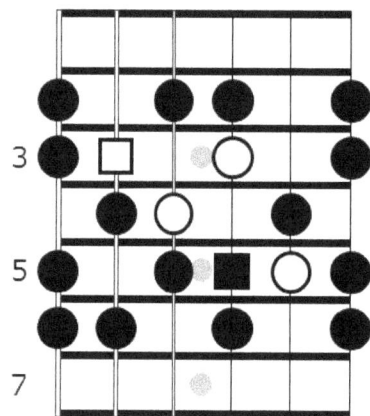

C Half Whole Shape 5

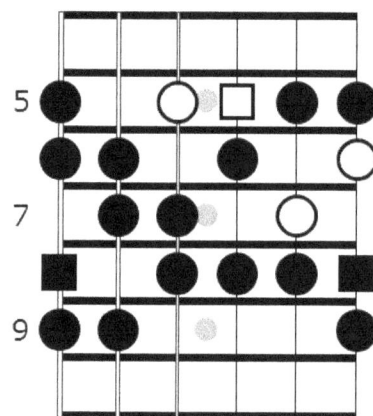

C Half Whole Diminished Scale

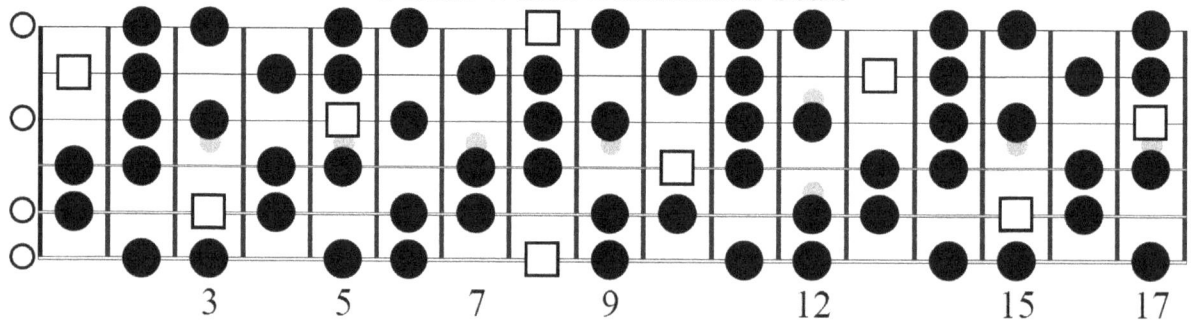

Dreiklangs- und Arpeggioformen der Halbton-Ganztonskala in C

C Majb5 Triad Shape 1
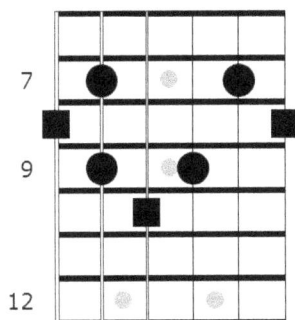

C Majb5 Triad Shape 2
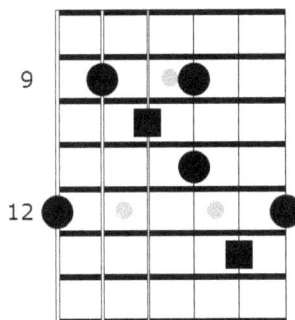

C Majb5 Triad Shape 3
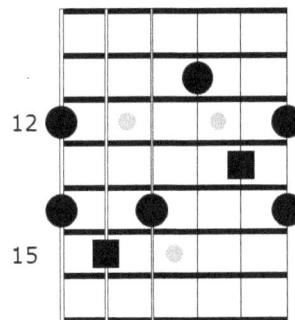

C Majb5 Triad Shape 4
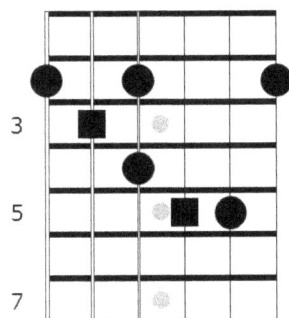

C Majb5 Triad Shape 5
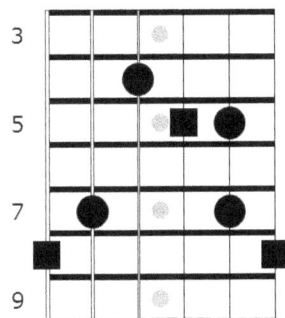

Arpeggios

C7b5 Shape 1
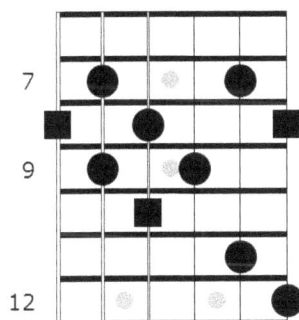

C7b5 Shape 2
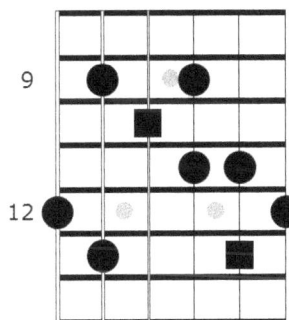

C7b5 Shape 3
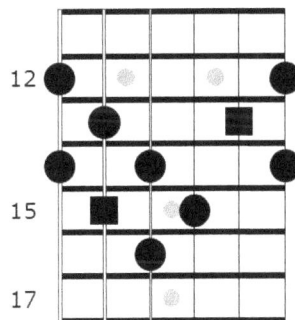

C7b5 Shape 4
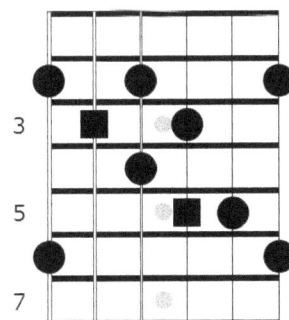

C7b5 Shape 5
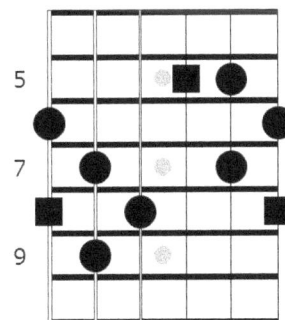

Typische Akkordfolgen

Backing-Track Halbton-Ganztonskala 1:

Backing-Track Halbton-Ganztonskala 2:

Backing-Track Halbton-Ganztonskala 3:

Praktische Licks

Halbton-Ganztonskala Lick 1:

Halbton-Ganztonskala Lick 2:

Halbton-Ganztonskala Lick 3:

Die Ganztonleiter

C Whole Tone

Formel 1 2 3 #4 #5 b7

Synthetische Skala, die nur eingeschränkt transponiert werden kann

In einem Satz: gedehnte, symmetrische Dissonanz - meist im Jazz verwendet, wenn ein dominantischer Akkord zu einem Mollakkord aufgelöst wird.

Die Ganztonleiter ist ebenfalls eine synthetische Skala. Von einer Stufe zur anderen dieser Tonleiter besteht *immer* ein Abstand von einem Ganzton. Die Ganztonleiter enthält sechs Einzeltöne und wegen ihrer Konstruktion gibt es nur zwei Transpositionen für diese Skala.

Die Töne der C-Ganztonleiter und der D-Ganztonleiter sind identisch (man sieht das sehr gut in der oberen Griffbrettübersicht). Deshalb gibt es nur zwei Transpositionen der Skala: C und C#. Das heißt nicht, dass man die Ganztonleiter nur in einer Tonart spielen kann. Es heißt, dass die Töne in Ganztonleitern mit den Grundtönen C, D, E, F#, G# und A# jeweils identisch sind.

Als symmetrische Skala eignet sich die Ganztonleiter, genau wie die Halbton-Ganztonleiter, für „geometrische" Melodien und man hört viele Sequenzen und Patterns, die mithilfe dieser Struktur erzeugt worden sind.

Akkordfolgen, die aus der Ganztonskala konstruiert sind, hört man extrem selten. Sie wird aber als melodisches Mittel oft dann verwendet, wenn ein dominantischer 7#5-Akkord sich zu einer Molltonika auflöst. Zum Beispiel:

C7#5 zu F-Moll

Die Ganztonskala kann auch über bestimmten ausgesuchten Akkordfolgen verwendet werden. Einige werden auf den folgenden Seiten gezeigt.

DIe Skalaformen der Ganztonskala in C

C Whole Tone Shape 1

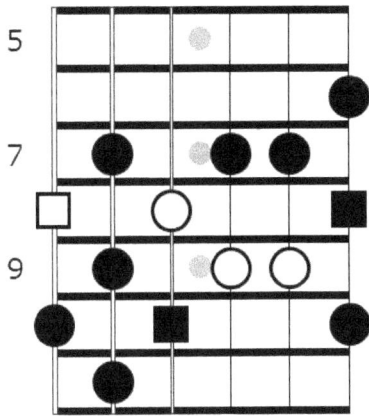

C Whole Tone Shape 2

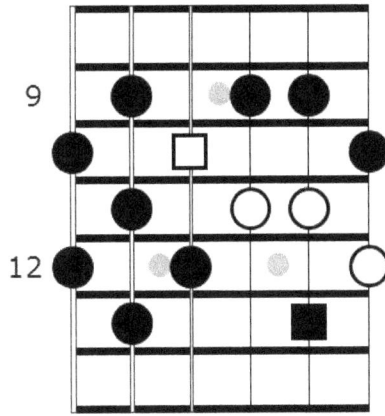

C Whole Tone Shape 3

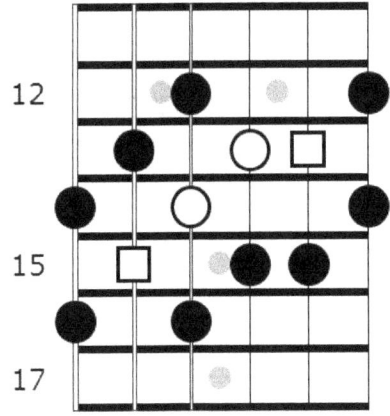

C Whole Tone Shape 4

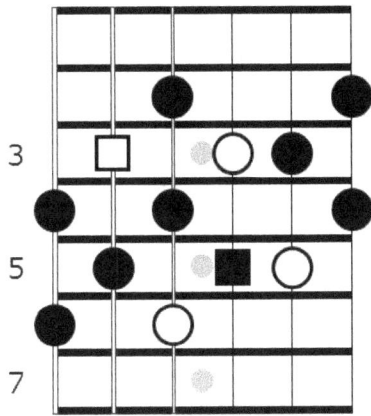

C Whole Tone Shape 5

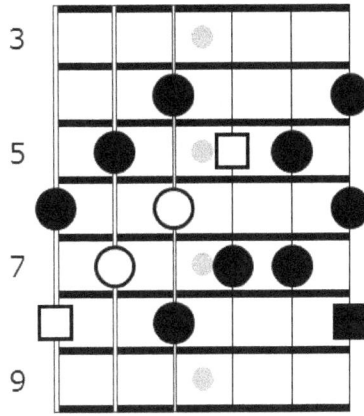

C Whole Tone Scale

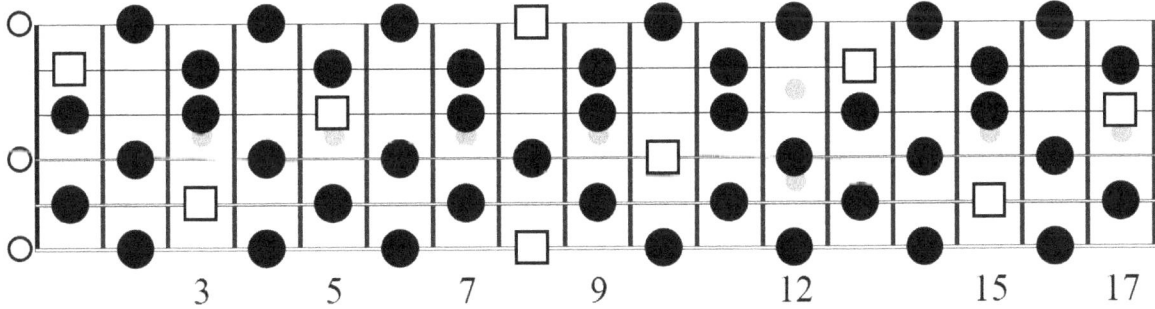

Dreiklangs- und Arpeggioformen der Ganztonskala in C

Dreiklänge

C Augmented Shape 1 C Augmented Shape 2 C Augmented Shape 3

C Augmented Shape 4 C Augmented Shape 5

Arpeggios

C7#5 Shape 1 C7#5 Shape 2 C7#5 Shape 3

C7#5 Shape 4 C7#5 Shape 5

Typische Akkordfolgen

Backing-Track Ganztonskala 1:

Backing-Track Ganztonskala 2:

Backing-Track Ganztonskala 3:

'+' = Augmented (Übermäßig).

Praktische Licks

Ganztonskala Lick 1:

Ganztonskala Lick 2:

Ganztonskala Lick 3:

Be Social!

Geselle dich zu den über 10,000 Fans auf Facebook und bekommen sechs kostenlose Gitarrenstunden jeden Tag.

www.facebook.com/FundamentalChangesInGuitar

Bleibe mit Twitter auf dem Laufenden:

@Guitar_Joseph

www.ingramcontent.com/pod-product-compliance
Lightning Source LLC
Chambersburg PA
CBHW081432090426
42740CB00017B/3284